Rituale für Familien

Dieses Buch ist für

_____

von

_____

edition riedenburg

für Til und Leni

Inhalt

Vorwort	**8**
Kreative Mitgestaltung für Kinder	12
Sensi kennt deine Superkräfte!	**13**
Ich bin Sensi	14
Polizeieinsatz – Viel um die **Ohren**	17
Kirmesbesuch – Unter vier **Augen**	25
Waldsuche – Der richtige **Riecher**	33
Familienstreit – Reine **Geschmack**ssache	39
Museum – ein fan**tast**ischer Wettbewerb	47
Heimkino – intensive **Gefühl**swelt	52
Gemeinsame Mission	58
Pädagogisches Begleitmaterial	**61**
Was ist Hochsensibilität?	62
Unterstützung von hochsensiblen Kindern	63

Pädagogische Anregungen zu den Geschichten — 66

- Ich bin Sensi — 66
- Polizeieinsatz – Viel um die Ohren — 67
- Kirmesbesuch – Unter vier Augen — 68
- Waldsuche – Der richtige Riecher — 70
- Familienstreit – Reine Geschmackssache — 72
- Museum – Ein fantastischer Wettbewerb — 74
- Heimkino – Intensive Gefühlswelt — 75
- Gemeinsame Mission — 77

Rituale für hochsensible Kinder — 79

Rituale zur Entspannung — 80

Sensis Entspannungsreisen — 81

- Sensis Reise zum Nachthimmel — 82
- Sensis Reise zur Tropfsteinhöhle — 85

Meditative Rituale für die Sinne — 88

- Lauschen — 88
- Tasten — 90
- Schokoladengenuss — 93
- Waldbaden — 95

Rituale in Bewegung — 98

- Achtsamkeit im Alltag — 98
- Gehen — 99
- Schütteln — 101
- Lachen — 103

Kreative Rituale — 105

- Zufalls-Mandala — 105
- Mandala in der Natur — 108

Entspannende Kurz-Rituale — 110

- Zahlen-Atmung — 110
- Stopp-Wort — 112
- Power-PMR — 113
- Gedankenkreisel-Stopp — 114
- ABC-Fokus — 115

Rituale zur Stressbewältigung — 116

- Wohlfühl-Check — 116
- Bedürfnisse klären — 118
- Stress erforschen — 120
- Balance finden — 121

Sensis Soforthilfe	123
Sensi-Band-Hilfe	125
Sensis Abwehrsprüche	126

Rituale für Selbstliebe, Selbstbewusstsein und Lebensfreude — 130

Supersätze	130
Stärken	132
Schatzbuch	134
Superheld*in	136

Rituale für Verbindung und Kontakt — 137

Sanduhr	137
Zuneigung	138
Herzensmenschen	140
Berührung	142

Vorlagen zu den Ritualen — 145

Literaturnachweise und weitere Empfehlungen — 175

Vorwort

Liebe Eltern, Erzieher*innen und Lehrkräfte!

Hochsensibel zu sein bedeutet, Sinneseindrücke und Emotionen sehr stark wahrzunehmen und intensiv im Gehirn zu verarbeiten. Die hochsensible Wesensart bringt dadurch eine schnellere Reizüberforderung und Erschöpfbarkeit mit sich.

Allerdings haben hochsensible Menschen auch besondere Fähigkeiten wie eine besonders intensive Genussfähigkeit und Kreativität, eine ausgezeichnete Beobachtungsgabe und ein hohes Maß an Empathie. Laut **Elaine N. Aron**, der amerikanischen Pionierin im Bereich der Hochsensibilitätsforschung, sind ca. 20 % der Menschen hochsensibel, das entspricht etwa 4 bis 6 Kindern pro Schulklasse (Aron, 2008).

Obwohl das Phänomen der Hochsensibilität in den letzten Jahren mehr und mehr ins öffentliche Bewusstsein gerückt ist, wissen dennoch viel zu wenige Erwachsene darüber Bescheid. Auf die starken Gefühlsregungen und weiteren Eigenarten hochsensibler Kinder reagieren Erwachsene, aber auch andere Kinder, durch ihre Unwissenheit häufig mit Unverständnis, Kritik oder Abwertung. Auf diese Weise werden hochsensible Kinder mit Sätzen wie „Stell dich nicht so an!", „Hör auf zu weinen!" oder „Sei nicht so empfindlich!" unnötig gestresst und in ihrer Entwicklung womöglich gehemmt.

Aha-Erlebnis

Oft fühlen sich Hochsensible „falsch", weil sie merken, dass sie irgendwie „anders" sind. Sie wissen aber nicht, warum das so ist. Die meisten hochsensiblen Menschen haben irgendwann im Leben ein Aha-Erlebnis, bei dem die immer schon gefühlte Andersartigkeit endlich einen Namen bekommt: Hochsensibilität.

Mein Aha-Erlebnis hatte ich erst im Alter von 34 Jahren, als ich bei der Suche nach Erziehungshilfen für meine gefühlsstarken Zwillinge zufällig auf einen Artikel zur Hochsensibilität gestoßen bin. Ich erkannte mich darin wieder und konnte meine Empfindlichkeit und Erschöpfbarkeit endlich verstehen. Nun wusste ich auch, warum sich meine Kinder so „anders" verhielten.

Meinen Zwillingen (damals 4 Jahre alt) wollte ich diese für mich reichlich späte Erfahrung ersparen. Deshalb begann ich, die in diesem Buch enthaltenen Geschichten zunächst als Comic zu zeichnen: recht kurz und ganz simpel. Nachdem wir sie gemeinsam gelesen und angeschaut hatten, sagte mein Sohn zu mir: *„Mama, ich glaub, ich bin auch wie Manu."* Mit Tränen in den Augen war ich zutiefst dankbar, dass meine erfundenen Erzählungen tatsächlich zu seiner Selbsterkenntnis beigetragen hatten.

Mein Herzenswunsch

Mein Herzenswunsch ist, dieses positive Erlebnis möglichst vielen hochsensiblen Kindern zu ermöglichen. Erst wenn Kinder ihre Hochsensibilität erkennen, können sie auch lernen, damit umzugehen.
Mein Buch soll für das Thema umfassend sensibilisieren und zur **Bekanntmachung der Hochsensibilität** beitragen. Darüber hinaus möchte es Eltern, Erzieher*innen und Lehrkräften **konkrete Hilfen zur Selbstregulation** an die Hand geben, wie sie nämlich hochsensible und gestresste Kinder wirkungsvoll unterstützen können. Wenn sich Eltern und Pädagog*innen mit Hochsensibilität besser auskennen, können hochsensible Kinder einen hilfreichen Umgang mit ihrer Wesensart erlernen und ein **positives Selbstbewusstsein entwickeln**.

Überblick

Sensis **Mutmach-Geschichten** helfen Kindern, ihre hochsensible Art zu erkennen. Die **pädagogischen Anregungen** zu jeder Geschichte fördern die intensive Auseinandersetzung mit der Hochsensibilität und den damit verbundenen Herausforderungen, aber auch den eigenen Stärken. Im pädagogischen Begleitmaterial finden sich ausführliche **Informationen zur Hochsensibilität** sowie erste Unterstützungsmöglichkeiten für betroffene Kinder.

„Sensi kennt deine Superkräfte!" bietet sowohl **Soforthilfen** als auch **präventive Methoden** zur Regeneration und Stressbewältigung. Das Buch hält zahlreiche **Methoden zur Entspannung und Erholung** bereit.

Fantasiereisen, Achtsamkeitsrituale, meditative Anregungen für die Sinne, Bewegungsrituale und kreative Methoden unterstützen vor allem überreizte Kinder, ihr Energielevel auszugleichen und wieder zur Ruhe zu kommen.

Durch die umfangreichen **Rituale zur Stressbewältigung** werden die Stresskompetenzen der Kinder gestärkt. Die unterschiedlichsten Methoden entwickeln dabei die Selbstliebe, das Selbstbewusstsein und die Selbstfürsorge der Kinder und können sehr leicht in den Familien- oder Schulalltag integriert werden.

Außerdem ermöglichen die Gesprächsanregungen und Rituale einen besonders intensiven Kontakt und schaffen Vertrauen. Auf diese Weise werden die **sozialen Kompetenzen** und die **Lebensfreude** der Kinder gefördert – sowohl im familiären als auch im pädagogischen Kontext.

Wir brauchen feinfühlige, empathische Menschen in unserer Gesellschaft!

Lasst uns gemeinsam dazu beitragen, dass Hochsensible ihre Fähigkeiten entspannt und selbstbewusst einbringen können.

Um viele Kinder im Umgang mit ihrer Hochsensibilität unterstützen und erreichen zu können, braucht es deine Hilfe: Bitte schreibe eine kurze Online-Rezension über „Sensi kennt deine Superkräfte!" – Vielen Dank!

Von Herzen,

Laura von der Höh

Laura von der Höh ist erfahrene Kunstpädagogin sowie Kursleiterin für Stressmanagement und Achtsamkeitstraining, Autogenes Training, Progressive Muskelentspannung und Meditation. Lauras Erfahrung, Kreativität und persönliche Erlebnisse als Hochsensible vereinen sich in diesem Kinderbuch mit inspirierenden Mutmach-Geschichten und umfangreichem pädagogischen Begleitmaterial. Damit werden hochsensible Kinder in ihrer Einzigartigkeit gestärkt und bei der Entspannung und Stressbewältigung im Alltag unterstützt.

- Tipp -

Lauras erstes Kinderbuch
„Schluss mit dem GEFÜHLchen-Chaos!"
enthält neben einer zauberhaften Einhorn-Geschichte zahlreiche Aktivitäten und altersdifferenzierte Rituale zum richtigen Umgang mit Bedürfnissen und GEFÜHLEN. Es zeigt wirkungsvolle Möglichkeiten auf, Kinder im Umgang mit emotionalen Herausforderungen zu begleiten.

Kreative Mitgestaltung für Kinder

Dieses Buch ist interaktiv. Neben den zahlreichen Ritualen, die du im Anschluss machen kannst, hast du auch die Möglichkeit, die Bilder der Geschichten mitzugestalten. Erwecke Sensi und die Menschenkinder zum Leben, indem du sie ganz individuell mit Buntstiften ausmalst und ihnen verschiedene Haar- und Hautfarben verleihst. Achte auch jeweils auf die Sensi-Band-Farbe an Manus Handgelenk.

Zusätzlich zu den Bildern in den Geschichten gibt es ab S. 165 große Ausmalbilder.

Du kannst auch eine bestimmte Stelle des Buches wählen, die dir sehr gut gefallen oder dich sehr berührt hat. Nimm ein weißes Blatt Papier und male diese Situation in einem eigenen Bild.

Tolle Freebies zu diesem Buch findest du hier: Rituale-Buch.de

Sensi kennt deine Superkräfte!

Ich bin Sensi

Hallo, ich bin Sensi. Schön, dass du da bist und meinen Geschichten lauschst.
Direkt zu Beginn möchte ich dir mein Geheimnis verraten... Ich habe eine ganz besondere Eigenschaft: Ich bin nämlich **hochsensibel**. Das heißt, ich nehme die Dinge um mich herum ganz intensiv, also sehr stark wahr. Ich höre, sehe, rieche, schmecke, fühle und empfinde meine Gefühle viel stärker als andere.

Das ist großartig! Auf diese Weise kann ich die Welt nämlich sehr gut beobachten und richtig genießen.

Aber ganz ehrlich: Es kann auch ziemlich anstrengend sein, denn mein Gehirn muss oft sehr viele Eindrücke auf einmal verarbeiten.

Das kannst du dir wie das Sortieren von Früchten vorstellen: Angenommen, es liegen Früchte auf einem Fließband, die sortiert werden müssen. Andere Personen sortieren diese Früchte nur nach Obstsorten in Körbe, also alle Äpfel in einen

Korb und alle Bananen, Orangen, Birnen und Kiwis in jeweils einen Korb. Das allein ist ja schon viel Arbeit, wenn den ganzen Tag Obst auf dem Fließband vorbeifährt.
Als hochsensibles Wesen sortiere ich aber nicht nur die 5 verschiedenen Obstsorten, sondern habe noch weitere Körbe für die unterschiedlichen Größen. Das heißt, für mich gibt es 3 Körbe für die Äpfel (von klein nach groß) und jeweils 3 Körbe für die Bananen und die anderen Früchte. Also sortiere ich das Obst statt in 5 Körbe insgesamt in 15 Körbe. Da habe ich dann natürlich wesentlich mehr zu tun.

Vielleicht verstehst du jetzt, was ich mit dem schwierigen Begriff **intensive Wahrnehmung** meine. Mein Gehirn muss viele Dinge in sehr viele „Körbe" einsortieren.
Das Gleiche gilt auch für meine Gefühle, die ich besonders stark empfinde und die mich oft aus heiterem Himmel überwältigen. Die Gefühle dröhnen in meinem Kopf, als würde jemand plötzlich sehr laut die Musik aufdrehen. Ich bin dann eben nicht nur ein bisschen traurig, sondern gleich am Boden zerstört. Ich bin nicht nur ein bisschen wütend, sondern explodiere förmlich.
Auch die Gefühle von anderen erlebe ich sehr stark.

Hochsensibel zu sein, ist keine Krankheit, sondern einfach eine besondere Wesensart. So wie schüchtern oder ehrgeizig sein. Ich bin eben hochsensibel.
Manchmal ist es sehr anstrengend, alles so stark wahrzunehmen und zu fühlen. Dadurch bin ich schneller erschöpft als andere. Hochsensibel zu sein ist aber auch eine besondere Fähigkeit: Durch meine ausgezeichnete Beobachtungsgabe kann ich schnell spüren, wie es anderen Wesen geht, und bin dadurch sehr einfühlsam und mitfühlend.
Außerdem habe ich eine Mission: Ich helfe Kindern mit meinen Superkräften, damit sie ihre eigene hochsensible Wesensart besser verstehen können und lernen, damit umzugehen. Viele Menschen wissen nämlich gar nicht, dass es Hochsensibilität gibt.
In den folgenden Geschichten lernst du **Manu** kennen: ein Menschenkind, das meine Hilfe braucht.
Vielleicht bist du ja auch hochsensibel oder kennst eine Person, die es ist?
Finde es heraus!

Pädagogische Anregungen zu dieser Geschichte findet ihr auf S. 66.

Polizeieinsatz – Viel um die Ohren

Eines Abends durfte Manu bei Efe übernachten. Beide waren ganz aufgeregt und konnten nicht einschlafen. Sie erzählten sich noch ein paar Witze und lachten vergnügt. Da öffnete sich erneut die Kinderzimmertür und Efes Mutter Nouran erinnerte sie liebevoll: „So, ihr zwei, es ist schon spät. Versucht mal, zu schlafen. Gute Nacht!"
„Gute Nacht!", antworteten die Kinder. Sie kuschelten sich tief in ihre Decken ein, als Manu plötzlich hochschreckte und rief: „Was war das für ein Geräusch? Efe, hast du das auch gehört?" Efe entgegnete: „Nein, was ist denn?"
„Hör mal!", sagte Manu aufgeregt. Efe lauschte verschlafen, konnte aber nichts hören. „Erst hat es geklirrt, und nun knackt es. Merkwürdig. Ich glaube, es kommt von draußen. Lass uns mal aus dem Fenster gucken", schlug Manu vor.
Sie schlichen zum Fenster, schoben die Vorhänge zur Seite und starrten in die Dunkelheit.
„Da sind Leute im Schmuckgeschäft gegenüber, aber das Licht ist aus und es ist schon spät!", flüsterte Efe verwundert.
Manu rief entsetzt: „Das sind DIEBE!"

Die beiden liefen schnell ins Wohnzimmer und erzählten Efes Eltern, was sie beobachtet hatten. Efes Vater Emin griff sofort zum Telefon und rief die Polizei an: „Guten Abend, hier Herr Okur. Ich muss einen Einbruch im Schmuckgeschäft melden. Kommen Sie schnell ..."

Manu und Efe hockten gebannt am Fenster und beobachteten, wie die dunklen Gestalten im Schmuckladen hektisch umhergingen. Kurze Zeit später waren schon die Sirenen der Polizeiautos zu hören.

„Kommt, wir ziehen uns Jacken an. Vom Balkon aus können wir viel mehr sehen", meinte Emin.

Und tatsächlich, erst jetzt erkannten die Kinder, dass draußen schon richtig was los war: Mehrere Polizeiwagen standen vor dem Schmuckgeschäft und trotz der späten Stunde hatte sich schon eine große Menschenmenge gebildet. „Da!", rief Manu und knuffte Efe in die Seite. Eine Polizistin legte einem der Diebe gerade Handschellen an und ein weiterer Polizist führte den zweiten Dieb vor sich her. Manu und Efe konnten tatsächlich beobachten, wie die Einbrecher festgenommen wurden.

„Oh, nein! Mein Schmucklädchen!", klagte die herbeieilende Inhaberin aufgebracht.

Ein Nachbar, der auch auf seinem Balkon stand, rief mit lauter Stimme: „Hach, ist das spannend!"
Manu zuckte erschrocken zusammen, als die Tür des Polizeiautos krachend zugeschlagen wurde. Die Sirenen heulten laut los, als das erste Polizeiauto davonfuhr. Autos, die nicht weiterfahren konnten, hupten wild, und ein Fahrer brüllte: „Warum ist hier Stau? Fahrt doch mal weiter!"
Auch die Polizei lief unruhig hin und her. „Runter von der Straße! Machen Sie bitte Platz!", wiesen sie die Schaulustigen an.
Eine Frau, die mit ihrem Hund spazieren ging, kreischte mit schriller Stimme: „Was ist denn hier los? Polizei?"
Manu fühlte sich gerade überhaupt nicht mehr wohl. „Puh, ist das alles aufregend und so laut hier. Meine Ohren tun weh! Das wird mir alles zu viel. Ich werde ganz hibbelig und unruhig", ging es Manu durch den Kopf.
„Herr Okur!", rief eine Polizistin in die Menge. „Sind Sie hier?"
Efes Vater hob die Hand, die Beamtin blickte nach oben und kam näher: „Danke, dass Sie uns so schnell gerufen haben. So konnten wir die Verbrecher aufhalten."
„Danken Sie lieber diesem Kind hier", meinte Emin und zeigte auf Manu. „Es hat den Einbruch sofort gehört."

„Wie heißt du denn?", wollte die Polizistin wissen.

Doch Manu war nicht in der Lage, zu antworten und hatte die Frage durch das Stimmengewirr und das Dröhnen im Kopf kaum verstanden. Außerdem mochte es das Kind überhaupt nicht, von Fremden angesprochen zu werden.

Efe half mutig nach: „Manu hat das Klirren der zerbrochenen Scheiben gehört und dann haben wir blitzschnell Papa davon erzählt."

Die Polizistin lobte die Kinder und winkte zum Abschied.

„Dann lasst uns mal reingehen", sagte Efes Mutter Nouran, als auch das letzte Polizeiauto weggefahren war.

Als Manu endlich im Bett lag, tanzten viele Gedanken im Kopf herum: „Puh, bin ich erschöpft. Was für ein Lärm und eine Aufregung. Ich kann nicht einschlafen, obwohl ich sooo müde bin. Efe schlummert schon seelenruhig und mir gehen immer noch die Ereignisse des Abends durch den Kopf... und die Wanduhr nervt mich mit ihrem lauten Ticken."

Runter von der Straße! Machen Sie bitte Platz! TUUUUT! DIEBE!! HUUUUP HUUUUP! Warum ist hier Stau?! Fahrt doch weiter! Was ist denn hier los? Polizei? Hach, ist das spannend! BÄMMM! Oh, nein! Mein Schmuckkästchen! Tatüüüütataaaa!

Da setzte sich ein kleines Wesen auf die Bettkante. Manu erschrak und zog schnell die Decke über den Kopf.
„Hallo. Ich bin Sensi", sagte eine sanfte Stimme. „Du brauchst keine Angst zu haben."
Nach einer Weile flüsterte Sensi besänftigend: „Ich spüre, dass es dir nicht gut geht. Ich bin hier, um dir zu helfen."
Manu schüttelte den Kopf, sodass man nur die Decke zappeln sah.
Nach einer Weile lugte das Kind neugierig unter der Decke hervor. Am Ende des Bettes saß ein kuscheltierähnliches Wesen mit weißem Fell, langen Ohren und großen, goldenen Augen.
Das Wesen hatte dünne Beine und Arme und wuschelige Fühler auf dem Kopf. Freundlich fragte es: „Wie heißt du?"
Zögerlich stellte sich Manu vor und erzählte dann, was sich ereignet hatte. „Wie kann Efe den ganzen Trubel aushalten und nun auch noch ruhig schlafen? Ich weiß wirklich nicht, was ich machen soll", seufzte Manu.

„Deine Ohren und auch deine anderen Sinne sind sehr empfindlich und du nimmst die Dinge viel stärker wahr als andere. Stimmt's?", fragte Sensi.

Manu nickte: „Die vielen Stimmen der Menschen, die Sirenen, die Motorengeräusche, das Hupen – ja, da schwirrt mein ganzer Kopf. Deshalb konnte ich auch die Frage der Polizistin nicht beantworten."

„Ja, das kenne ich. Es gibt einige Kinder und auch Erwachsene, die so ähnlich wahrnehmen wie du", bestätigte Sensi.

„Wirklich?", fragte Manu verblüfft. Nach einer Weile flüsterte das Kind: „Und ich dachte immer, ich bin alleine mit meinem Problem und deshalb irgendwie falsch."

Das Wesen erklärte: „Nein, das bist du nicht.

Deine Wahrnehmung ist einfach nur anders, eben hochsensibel. Deinen Freund Efe stören laute Geräusche wahrscheinlich weniger, weil er sie gar nicht so stark erlebt. Aber ich kann dir helfen, deine Wahrnehmung und deine Gefühle besser zu verstehen. Dann lernst du mit deiner Energie sorgsam umzugehen und bist nicht so schnell erschöpft."

„Echt? Wie soll das denn gehen?", zweifelte das Kind.

Sensi überreichte Manu ein **Armband** und erklärte: „Das ist ein **Sensi-Band**. Es zeigt dir durch Farben an, wenn du überfordert bist und deine Energie sinkt."

Sensi erläuterte die verschiedenen Farben:

◯ „Das **grüne** Sensi-Band zeigt dir: Du hast viel Energie und kannst deine Fähigkeiten bestens einsetzen.

◯ Das **gelbe** Leuchten weist auf Folgendes hin: Du bist leicht gestresst. Entspanne oder bewege dich ein wenig oder mache etwas, das dir guttut.

◯ **Orange** warnt dich: Du hast kaum Energie! Leg dringend eine Erholungspause ein!

● Wenn das Armband **rot** anzeigt, bist du völlig erschöpft! So weit solltest du es nicht kommen lassen."

„Danke", sagte Manu erleichtert. „Ich bin schon gespannt, ob das klappt."

„Ganz sicher!", sagte Sensi und fügte leise hinzu: „So, versuche jetzt einzuschlafen. Schließe deine Augen. Atme mal richtig tief ein und etwas länger wieder aus. Spüre dabei in deinen Bauch hinein, wie er durch deinen Atem bewegt wird ..."

„Singst du mir noch ein Schlaflied?", fragte das Kind müde und gähnte entspannt. Das kuschelige Wesen fing leise an zu singen. Bereits kurze Zeit später war Manu eingeschlafen.

Am nächsten Morgen beim Frühstück wedelte Efes Mutter mit etwas herum. „Du stehst in der Zeitung!", rief sie aufgekratzt und fing an zu lesen: „Manu (8) überführt Schmuckdiebe ... dank des guten Hörsinns von Schulkind Manu konnten am Freitagabend drei Einbrecher auf frischer Tat ertappt werden ..."
„Wie cool ist das denn!", jubelte Efe. „Du bist wirklich großartig!"
Manu grinste und blickte erfreut auf das grün leuchtende Sensi-Band.

Pädagogische Anregungen zu dieser Geschichte findet ihr auf S. 67.

Kirmesbesuch – Unter vier Augen

Am Samstag stand ein Kirmesbesuch auf dem Programm und Manu wurde von einer Freundin abgeholt.
„Du hast neue Ohrringe, voll schön!", stellte Manu sofort fest.
„Hallo erst mal", antwortete Abena. „Ja, stimmt, die sind neu. Hat mir meine Schwester geschenkt. Dir entgeht aber auch gar nichts."
„Na dann los!", freute sich Manu.

Auf der Kirmes gab es viel zu sehen und zu erleben.
„Wow! Da weiß ich ja gar nicht, wo ich zuerst hingucken soll!", ging es Manu durch den Kopf. „So viele Stände, Buden, bunte Lichter und Menschen."
„Schau mal, das leuchtende Riesenrad. Wie schön bunt es ist!", rief Abena.
„Und da, ein Stand mit Spielzeug!", freute sich Manu.

Während sie gemeinsam über die Kirmes streiften, betrachtete Manu verstohlen das gelb leuchtende Sensi-Band und ärgerte sich, dass die Energie offenbar schon jetzt etwas gesunken war, obwohl sie gerade erst angekommen waren.
„Los, lass uns Dosen werfen", schlug Abena begeistert vor.

Die Kinder liefen zum Dosenstand, bezahlten und versuchten ihr Glück.

„Wow, du hast tatsächlich alle Dosen umgeworfen!", jubelte Abena. „Jetzt bekommst du einen Preis."

„So, mein Glückspilz," sagte der Budenbesitzer, „was willst du denn haben? Von diesen Preisen da drüben darfst du dir einen aussuchen."

„Ähm... also ...", zögerte Manu und blickte auf die vielen Gewinne.

Es gab unzählige Kuscheltiere, Anhänger, Leuchtstäbe und Plastikspielzeuge in den verschiedensten Farben und Formen.

„Ich bin überfordert. Wie soll ich mich da bloß so rasch entscheiden?", dachte Manu hilflos.

Der Mann in der Bude wurde langsam ungeduldig und forderte unfreundlich: „Wird's bald? Ich habe nicht ewig Zeit. Die anderen Kinder warten auch auf ihre Gewinne ..."

Ratlos und zunehmend gestresst schaute sich Manu die Preise an.

„Hier, da hast du den Elefanten", beendete der Budenbesitzer mürrisch das Gespräch und drückte dem Kind eines der unzähligen Elefantenstofftiere in die Hand.

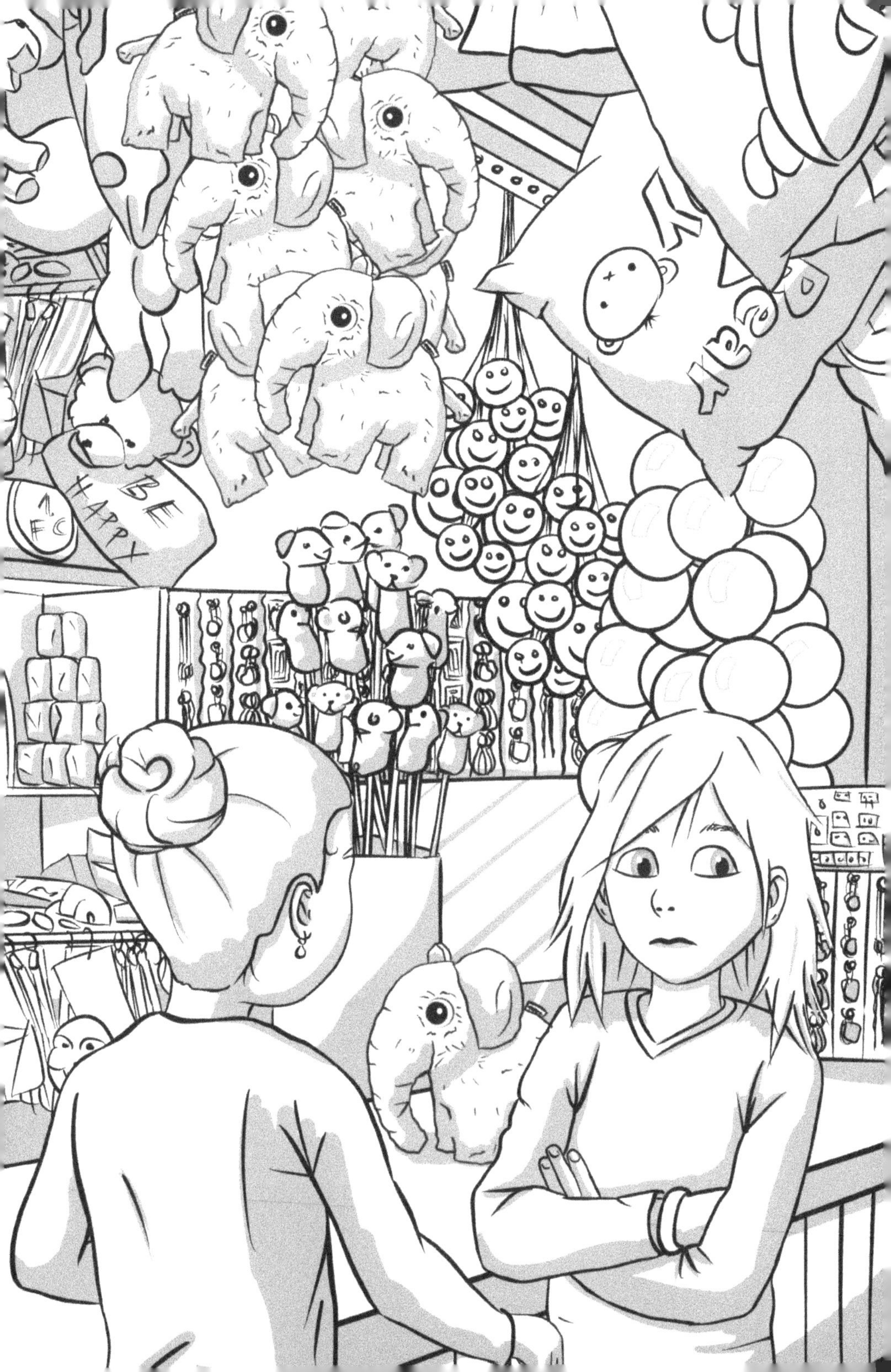
BE HAPPY

„A-a-a-aber ich ...", stotterte Manu ganz verdattert. Noch bevor der Satz beendet war, hatte sich der Mann bereits einem anderen Kind zugewandt.

„Ich wollte gar kein Plüschtier!" Mit Tränen in den Augen und völlig verwirrt ließ Manu den Arm mit dem Elefanten sinken.

„Komm, wir machen eine Pause", hörte Manu Sensis Stimme sagen. „Dein Sensi-Band ist schon orange! Geh jetzt am besten erst mal hinter die grüne Bude dort drüben."

Aber Moment: Wo war Sensi überhaupt?

Manu gab Abena schnell Bescheid, sie solle hier kurz warten, und machte sich auf den Weg.

Hinter dem Büdchen war es etwas weniger wuselig und das Wesen wartete schon auf Manu.

Sensi flüsterte: „Du siehst sehr erschöpft aus. Schüttel mal ganz kräftig deinen ganzen Körper.... Okay. Und nun mach am besten für eine Weile deine Augen zu, leg die Hände auf die Ohren und atme ein paar Mal tief ein und lange wieder aus. Ich bin bei dir."

Manu folgte den Anweisungen. Und tatsächlich: Bereits wenige Minuten später entspannte sich das Kind.

Sensi bemerkte: „Ich spüre, dass du gestresst bist. Was war los?"

„Ach, Sensi, ich hatte beim Dosenwerfen gewonnen und dann gab mir der unfreundliche Mann so ein blödes Kuscheltier. Nur, weil ich mich nicht schnell genug entscheiden konnte. Das ist so gemein!", brach es aus Manu heraus.

„Oh je, da war der Budenbesitzer wirklich rücksichtslos", sagte Sensi mitfühlend. „Ich verstehe, dass du wütend und traurig bist."

„Weißt du, dort waren sooo viele Dinge, Farben und blinkende Lichter. Ich konnte mich gar nicht mehr konzentrieren und mich erst recht nicht für einen ganz bestimmten Gewinn entscheiden", berichtete das Kind weiter. Sensi nickte und erklärte ruhig: „Unsere hochsensible Wahrnehmung funktioniert nach dem Prinzip ‚ALLES ist wichtig'. Deshalb müssen wir sehr viele Informationen verarbeiten, was ziemlich anstrengend ist."

„Stimmt", antwortete Manu, „Auf der Kirmes bekomme ich schnell Kopfschmerzen und halte es einfach nicht so lange aus."

„Wenn du in so einer Umgebung wie hier oder zum Beispiel im Schwimmbad bist, kannst du dich jederzeit etwas abseits zurückziehen und Kraft tanken. Am besten machst du das, wenn dein Sensi-Band gelb oder orange ist. Und nicht erst dann, wenn das Sensi-Band tiefrot leuchtet und gar nichts mehr geht", erläuterte Sensi.

Manu stimmte zu. „Ich bin traurig. Ich wollte doch so gerne Achterbahn fahren, die ganzen Budenspiele machen und noch viel mehr erleben."

„Das ist verständlich. Genau deshalb ist es wichtig, dass du auf dein Energielevel achtest und RECHTZEITIG kurze Pausen machst. Dann kann es danach auch wieder kraftvoller weiter gehen. Wie könntest du also mit deiner Freundin Abena noch mal ein Päuschen machen?", erkundigte sich Sensi.

„Mhm ...", überlegte das Kind „Vielleicht bei einer Riesenradfahrt? Da kann ich in Ruhe sitzen und auch mal die Augen schließen."

„So machst du es!", sagte Sensi erfreut. „Abena wartet bestimmt schon ungeduldig auf dich. Geh nun zu ihr."

Als Manu zurückkehrte, sagte Abena besorgt: „Da bist du ja. Ich habe mich schon gewundert, wo du so lange bleibst."

„Tut mir leid, es hat etwas länger gedauert", antwortete Manu verlegen. „Wollen wir eine Fahrt mit dem Riesenrad machen?" „Gerne!", freute sich Abena.

Gesagt, getan.

Als das Riesenrad ganz oben anhielt, genossen die Kinder die Aussicht: Hier war es viel leiser und die bunten Lichter verschwammen zu einem einzigen Farbenteppich. Sie schlossen gemeinsam die Augen, atmeten ruhig und konnten etwas Energie tanken.

„Danke für den schönen Kirmesbesuch", verabschiedete sich Manu später.

„Danke dir für den Plüsch-Elefanten. Jetzt haben wir beide ein schönes Andenken an unseren ersten Kirmesbesuch", meinte Abena. „Zum Glück war die Budenbesitzerin beim Entenangeln verständnisvoll, als du sie um eine längere Auswahlzeit für deinen Gewinn gebeten hattest. Jetzt hast du auch etwas Schönes bekommen. Bis bald!"

Manu hielt das neue Fernglas in der Hand, betrachtete das grün leuchtende Sensi-Band und lächelte.

Pädagogische Anregungen zu dieser Geschichte findet ihr auf S. 68.

Waldsuche – Der richtige Riecher

Als Manu ein paar Tage später bedrückt auf einer Parkbank saß, näherte sich Sensi und tippte sanft auf Manus Schulter: „Ich spüre, dass es dir nicht gut geht: Dein Sensi-Band ist gelb. Wie kann ich dir helfen?"

„Mir ist schlecht und ich fühle mich schrecklich", seufzte das Kind und erzählte: „Eben hat unsere ganze Wohnung nach Zigaretten gestunken, sogar mein Zimmer. Mama hatte die Fenster zu lange zum Lüften aufgelassen und da ist der eklige Zigarettenrauch von unserem Nachbarn überall reingezogen. Danach musste ich Mama auch noch in die Parfümerie begleiten. Da hat sie mindestens eine halbe Stunde verschiedene Düfte ausprobiert. Mir sind diese ganzen Gerüche echt zu viel. Wenn es so stark stinkt, wird mir richtig übel. Wie hält Mama das nur aus?"

Sensi nickte verständnisvoll: „Du hast eine ganz besonders feine Nase, und deshalb riechst du den Zigarettengeruch und die verschiedenen Düfte so extrem stark. Deine Mutter nimmt diese Gerüche wahrscheinlich weniger stark wahr, sodass sie das gar nicht stört. Was könntest du tun, um solche Situationen von vornherein zu vermeiden?"

„Mhm ...", grübelte Manu, „vielleicht warte ich beim nächsten Parfümeriebesuch lieber im Auto und lese ein Buch. Oder ich verabrede mich mit Efe oder Abena, sodass ich erst gar nicht diese ganzen Gerüche ertragen muss."

„Ja, das klingt gut", pflichtete Sensi bei. „Wenn es möglich ist, solltest du den starken Gerüchen aus dem Weg gehen. Du musst dich ja nicht unnötig belasten."

„Den Zigarettengeruch vom Nachbarn kann ich dennoch nicht verhindern", klagte Manu.

„Stimmt leider", bestätigte Sensi. „Wenn du der Situation nicht entkommen kannst, halte dir am besten die Nase zu."

Nachdem die beiden noch ein wenig geplaudert hatten, schlug Sensi vor, in den Wald zu gehen.

„Wer als Erstes an dem Baum mit dem Plakat dort drüben ist, hat gewonnen", rief Manu voller Begeisterung und flitzte los.

Manu kam zuerst am Baum an. Klar, Sensis Beine waren ja auch viel kürzer!

Während das Kind verschnaufte und auf Sensi wartete, zeigte das Sensi-Band wieder grün an.

„Ich liebe es, zu rennen. Danach fühle ich mich immer richtig gut und meine Anspannung ist verflogen", spürte Manu.

Auf dem Plakat war zu lesen, dass eine schwarz-weiß gefleckte Katze namens Mila entlaufen war. „Oh! Die Besitzerin muss sehr traurig sein. Sicherlich hat sie große Angst um ihre geliebte Katze. Wie schrecklich! Vielleicht ist Mila überfahren worden oder jemand hat sie einfach mitgenommen", sorgte sich Manu.

„Vielleicht ist sie aber auch noch irgendwo in der Nähe", vermutete Sensi. „Komm, wir gehen Mila suchen!"
Die beiden liefen durch den Wald und riefen immer wieder den Namen der Katze.
Nach einer Weile fragte Manu: „Was ist das denn? Riechst du diesen Gestank auch?" und fühlte erneut ein Unwohlsein, während das Sensi-Band gelb war.
„Ja, igitt. Was ist das bloß?"

Manu schnupperte und meinte: „Das kommt von dort hinten. Da, hinter dem Busch ist etwas. Lass uns mal nachsehen." Die zwei schlichen sich vorsichtig an den grünen Strauch heran. Und tatsächlich: Vor ihnen lag eine tote Maus. Sie stank erbärmlich.

„Mila?", wunderte sich Manu, denn direkt neben der toten Maus lag seelenruhig eine schwarzweiß gefleckte Katze. Als sie gerufen wurde, hatte Mila sofort ihren Kopf in Manus Richtung gehoben.

Was für eine Freude! Sie hatten die entlaufene Katze tatsächlich gefunden.

„Komm, wir bringen Mila nach Hause", überlegten die beiden. Vorsichtig näherte sich Manu dem flauschigen Tier und nahm Mila behutsam auf den Arm. Zum Glück war die Katze sehr zutraulich.

„Und jetzt schnell weg von diesem Gestank", ordnete Sensi an. „Ich brauche dringend eine Verschnaufpause."

Die beiden gingen rasch weiter und setzten sich auf eine weit entfernte Bank. Dort atmeten sie erst einmal wieder tief durch und genossen die angenehme Waldluft, während sie Mila liebevoll streichelten.

Zu Hause angekommen, rief Manus Mutter Milas Besitzerin an. Gabi kam sofort vorbei und freute sich unglaublich über das Wiedersehen.
„Oh, Mila!", rief Gabi ganz aufgeregt. „Ich habe dich schon sooooo vermisst. Zum Glück ist dir nichts passiert."
Vor lauter Rührung und Erleichterung musste sich Manu eine Träne aus den Augenwinkeln wischen.
„Ich bin so glücklich, dass du meine Katze gefunden hast! Hier ist ein kleiner Finderlohn für dich", bedankte sie sich und drückte Manu einen 5-Euro-Schein in die Hand. „Du magst dir doch sicherlich ein Eis kaufen, oder?"
„Jaaaa! Ich liebe Eis! Vielen Dank!", jubelte Manu und machte sich sofort auf den Weg zur Eisdiele.
Während Sensi in der Nähe wartete, kaufte Manu zwei Eistüten. Dann setzten sie sich zusammen hin.
„Dieses Mal hat sich deine Spürnase ja richtig ausgezahlt. Das Eis ist spitze!", schmatzte Sensi.

„Ja, und Gabi ist überglücklich, dass ihrer Katze nichts passiert ist", schmatzte auch Manu lächelnd, während das Sensi-Band wieder grün leuchtete. „Und weißt du, was noch besser ist?", fragte Manu. Sensi schüttelte den Kopf. „Stell dir vor, Mama hat mit dem Nachbarn vereinbart, dass wir morgens eine rauchfreie Stunde zum Lüften bekommen."
„Das ist ja super!", freute sich Sensi, während das Wesen weiter genüsslich an seinem Eis schleckte.

Pädagogische Anregungen zu dieser Geschichte findet ihr auf S. 70.

Familienstreit – Reine Geschmackssache

„Maaaaanuuuuu!", rief Maike nun schon zum dritten Mal. „Das Essen ist fertig!"

Aber keine Reaktion. Erst als Manus Mutter das Zimmer betrat und das Kind antippte, schreckte es aus seinem Spiel hoch. Manu war wie immer in der Spielzeugwelt versunken gewesen.

Wenig später saßen die beiden mit Maikes Partnerin Irena beim gemeinsamen Mittagessen. Es gab Tortellini mit Tomatensoße und vegetarische Frikadellen. Doch als sich Manu genüsslich das Lieblingsessen in den Mund schob, schmeckte es irgendwie merkwürdig.

Angewidert verzog Manu das Gesicht und murrte kopfschüttelnd: „Das Essen schmeckt mir nicht!"

Überrascht blickten Maike und Irena ihr Kind an. „Das isst du doch sonst auch, Tortellini und Frikadellen waren bislang dein Lieblingsgericht", antwortete Manus Mutter irritiert.
„Das Essen schmeckt heute anders, irgendwie scharf", jammerte Manu.
„Also mir schmeckt's und scharf ist das Essen überhaupt nicht. Stell dich nicht so an!", mahnte Irena.
„Da koche ich extra dein Lieblingsessen, und jetzt isst du es nicht. Na toll!", sagte Maike vorwurfsvoll. Sie überlegte kurz, zuckte mit den Schultern und meinte dann: „Dann isst du halt gar nichts."
Manu spürte, wie es im ganzen Körper brodelte. „Ihr seid so gemein!", brüllte das Kind, pfefferte die Gabel auf den Boden und rannte schnurstracks ins Kinderzimmer. Die Tür knallte zu. Manu war wütend und verzweifelt.

Auf der Couch im Zimmer saß Sensi und sagte: „Manu, ich spüre, wie wütend du bist, und sehe dein orangenes Band. Spann doch mal ganz kräftig deinen ganzen Körper an."
Sensi zeigte, wie es ging: Hände zu Fäusten ballen, Arme, Beine, Bauch, Po und auch den Kiefer ganz fest 10 Sekunden lang anspannen. Dann wieder lockerlassen.

Die zwei machten es ein paar Mal gemeinsam.

Anschließend setzte sich Manu erschöpft auf die Couch.

Die Wut war inzwischen tatsächlich viel weniger stark. Das Kind hatte sich etwas beruhigt und erzählte Sensi von den Ereignissen beim Mittagessen.

„Das tut mir leid. Oft reagieren Erwachsene und auch andere Kinder so, weil sie uns nicht verstehen können. Sie wissen nicht, dass wir Geschmack anders wahrnehmen, und meinen es nicht böse. Maike und Irena schmecken den Unterschied wahrscheinlich überhaupt nicht und essen gerne stark gewürztes oder scharfes Essen."

„Aber sonst mag ich das Essen ja gerne. Warum schmeckt es auf einmal anders?", wollte Manu wissen.
„Vielleicht hat es deine Mutter ein bisschen mehr gewürzt als sonst", erklärte Sensi.

Da klopfte es vorsichtig an der Tür. Sensi machte sich blitzschnell unsichtbar und Manu murmelte zaghaft: „Ja?"
Da streckten Maike und Irena ihre Köpfe durch den Türspalt und fragten, ob sie reinkommen dürften.
Manu zuckte nur mit den Schultern.
„Es tut mir leid, dass ich so überreagiert habe", begann Maike. „Natürlich darfst du etwas essen. Hier."
Sie reichte Manu einen Teller mit geschmierten Broten.
„Ich war einfach nur so enttäuscht, weil ich dir mit dem Essen eine Freude machen wollte."
Das Kind nickte stumm und spürte plötzlich großen Hunger. Das ging bei Manu immer von einem Moment auf den anderen. Schnell waren die Brote gegessen, während Maike und Irena schweigend warteten.
Mit Sensis Hilfe, heimlich ins Ohr geflüstert, berichtete Manu den beiden von der hochsensiblen Wesensart. Es sprudelte nur so aus Manu heraus.

Das Kind war erleichtert, sein „Geheimnis" endlich teilen zu können.

„Hochsensibel, so etwas gibt's?", fragte Irena verblüfft und auch Maike machte große Augen.

„Entschuldige, was ich eben gesagt habe", meinte Irena, „das war nicht sehr nett von mir. Jetzt weiß ich, was los ist und kann dich besser verstehen."

Beruhigt und mit einem gelben Sensi-Band am Arm sagte Manu: „Danke. Mir schmeckt das stark gewürzte Essen wirklich nicht. Ich verweigere das Essen nicht, um euch zu ärgern. Für mich sind diese Gewürze einfach viel zu stark, und dann wird mir schlecht."

„Was machen wir denn da?", überlegte Maike unsicher.

„Mhm … ich könnte das Essen ohne Gewürze kochen und wir würzen es dann selbst auf dem Teller. Was hältst du davon?"

Manu lächelte: „Ja, das wäre schön. Dann könnt ihr euch so viel Pfeffer drauf streuen, wie ihr mögt, ohne dass mir der Gaumen brennt."

Alle lachten.

„Wenn wir hier schon so miteinander sprechen, wollen wir dir noch etwas Wichtiges sagen", fing Irena zögernd an.

Manus Nackenhaare stellten sich auf. Warum war Irena nur so angespannt und unsicher? Das konnte nichts Gutes bedeuten.

Auch Maike blickte verlegen und erläuterte vorsichtig: „Ich habe eine neue Arbeitsstelle gefunden. Leider sind die Arbeitszeiten anders, sodass ich nicht zu Hause bin, wenn du Schulschluss hast."

Manu war entsetzt. Was sollte das denn jetzt?

„Wir haben schon mit der Mittagsbetreuung deiner Schule gesprochen und es ist ein Platz ab dem nächsten Schuljahr für dich frei", setzte Irena fort, „dann kannst du dort zu Mittag essen und noch etwas spielen."

Manu bekam Angst und fühlte sich unsicher, denn neue Situationen waren oft unangenehm. „Ich will nicht in die Mittagsbetreuung. Da kenne ich keinen. Wer weiß, was es zum Mittagessen gibt. Hoffentlich schmeckt das Essen dort nicht auch so scharf."

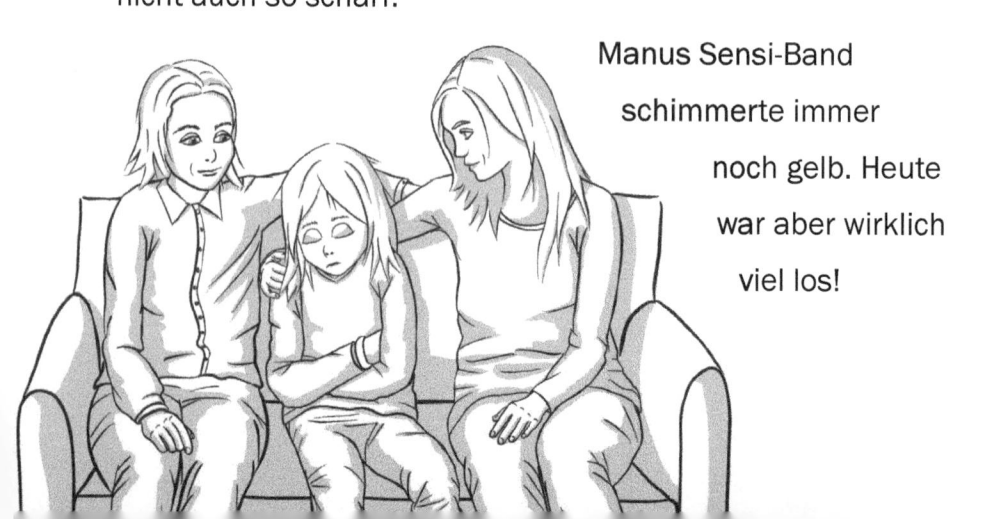

Manus Sensi-Band schimmerte immer noch gelb. Heute war aber wirklich viel los!

Tröstend legte Maike ihren Arm auf Manus Schulter und meinte: „Wir wissen, dass Veränderungen schwierig für dich sind. Deshalb wollten wir schon jetzt mit dir sprechen und einen leichteren Übergang schaffen. Frau Mattis, die Betreuerin, hat vorgeschlagen, dass du schon vor den Ferien mehrmals probeweise in die Ganztagsbetreuung kommen kannst, um dort alles kennenzulernen und dich daran zu gewöhnen. Falls dir das Essen mal nicht schmeckt, gibt es immer Brot als Alternative."
Das Kind konnte so viel Neues einfach nicht verkraften und drehte sich weg.
Maike wartete einen Moment und versuchte es dann weiter: „Abena geht auch in die Gruppe. Sie wird dir alles zeigen und ihr könnt jeden Tag miteinander spielen."
Erleichtert atmete Manu durch.
Auch wenn die Idee der Ganztagsbetreuung immer noch nicht der Hit war, so wäre dort zumindest auch Abena.
Sensi flüsterte unsichtbar: „Du kannst ja deine Freundin morgen mal fragen, wie sie die Ganztagsbetreuung findet. Es ist doch auch toll, dass ihr dann mehr Zeit miteinander verbringen werdet. Zum Glück dauert das Ganze ja noch eine Weile, dann kannst du dich besser mit dem Gedanken anfreunden."

Sensi drückte Manu zum Abschied und verschwand.
„Ich schaffe das schon", seufzte Manu versöhnlich.

Nach einem ausgiebigen Familienkuscheln bot Irena an: „Wie sieht's denn aus mit einem Nachtisch? Ich habe Schokopudding gekauft." „Oh ja!", riefen Manu und Maike gleichzeitig und sprangen freudig auf.
Die drei aßen ihren Pudding heute mal ganz besonders langsam und genüsslich und plauderten eine Weile. Nach und nach ging es Manu besser und das Sensi-Band zeigte wieder grün an.

Pädagogische Anregungen zu dieser Geschichte findet ihr auf S. 72.

Museum – ein fantastischer Wettbewerb

Manu und Joris waren auf dem Weg zum „Museum der Sinne", um beim Sensori-Wettbewerb mitzumachen.
Nach kurzer Zeit wurde Manu zappelig und bemerkte, dass das Sensi-Band schon gelb war.
„Was ist los?", erkundigte sich Joris.
Doch er bekam keine Antwort. Manu war mit den Gedanken gerade völlig woanders.
„Haaallooo, Manu. Ich rede mit dir", versuchte es Joris erneut.
Manu zuckte zusammen und blickte Joris verwundert an: „Was?"
„Du bist so unruhig. Was ist denn?", wollte Joris wissen.
„Hach... Mein Pullover kratzt mich schon die ganze Zeit. Da ist hinten so ein Zettel drin", antwortete Manu. „Normalerweise schneidet meine Mutter den raus. Hier hat sie es wohl vergessen. Das stört extrem, denn meine Haut ist sehr empfindlich. Dann kann ich nur noch an dieses unangenehme Kratzen denken und mich auf nichts anderes mehr konzentrieren."
„Dreh deinen Pullover einfach auf links. Sieht vielleicht merkwürdig aus, aber ist doch egal", schlug Joris vor.

„Klasse Idee, danke dir! Dann kratzt es mich auch nicht mehr", erwiderte Manu erleichtert und setzte die Idee gleich in die Tat um.

Der Sensori-Wettbewerb hatte begonnen. Alle Kinder mussten 30 Dinge blind ertasten und ihre Vermutungen aufschreiben. Joris hatte 23 Objekte richtig erraten, bei den anderen war er sich nicht sicher gewesen.
Jetzt kam Manu an die Reihe. Bereits beim ersten Fühlen war dem Kind klar: „Ah, das sind Walnussschalen."
Auch das Rätsel im nächsten Fühlkasten war schnell gelöst: „Das ist einfach: Ich fühle Erbsen!"

Nacheinander ertastete Manu die Gegenstände und notierte die Ergebnisse auf dem Zettel.

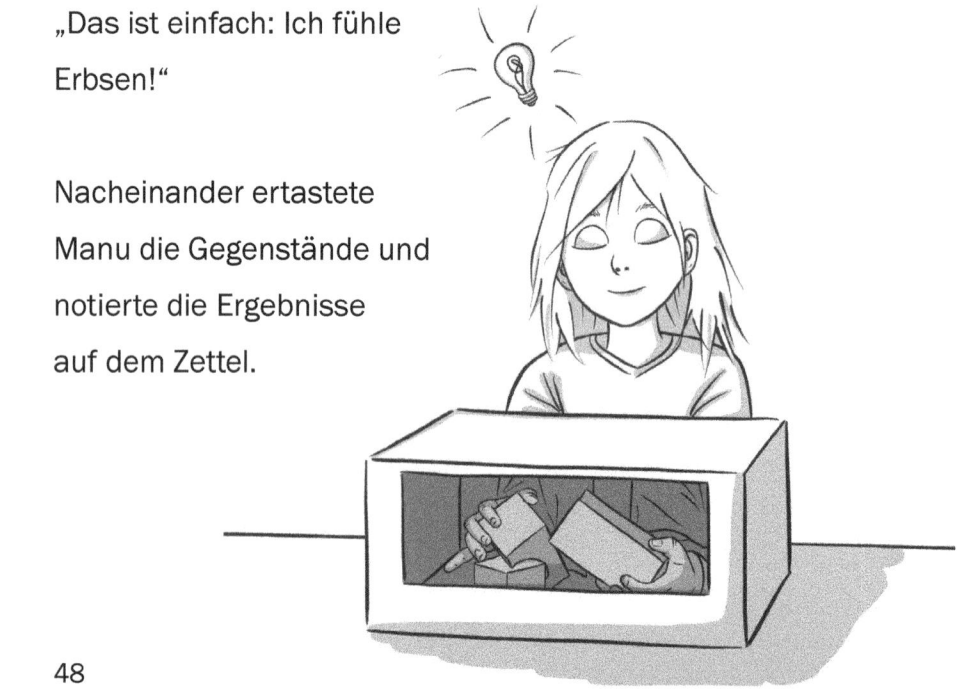

Eine halbe Stunde später sollte die Siegerehrung stattfinden.
Aus den Lautsprechern ertönte eine Stimme: „Liebe Kinder!
Der Sensori-Wettbewerb ist nun zu Ende. Das einzige
Kind, das wirklich alle Objekte richtig ertastet hat, ist …
MAAANUUUU!"
„Ich habe gewonnen! Jippiiii!", jubelte Manu und lief nach
vorne. Stolz kam das Kind mit dem Gewinn zurück.
„Cool, das Ratespiel Sensori! Das probieren wir daheim direkt
mal aus", rief Joris.

Zu Hause angekommen, spielten die beiden noch eine
Weile mit dem gewonnenen Preis. Aber Manus Energie hatte
nachgelassen und die innere Anspannung stieg merklich.
Auch das Sensi-Band zeigte inzwischen die Farbe gelb.
„Puh, mir reicht's für heute. Ich bin K.O.", schloss Manu die
letzte Sensori-Runde erschöpft ab.

Als Joris nach Hause gegangen war, legte sich Manu im Garten in die Hängematte.

Da hüpfte Sensi herbei und kuschelte sich dazu. „Hallo, wie geht es dir?", wollte Sensi wissen.

„Ich habe heute den Sensori-Wettbewerb gewonnen", berichtete Manu.

„Das ist ja wunderbar!", freute sich Sensi. „Deine hochsensible Wahrnehmung ist eben auch eine besondere Gabe."

Manu konnte das Gehörte kaum glauben: „Eine Gabe? Nee, für mich ist das die reinste Belastung."

„Ich habe meine hochsensible Wesensart früher auch als Belastung empfunden", gestand Sensi. „Ständig war ich überfordert und gestresst. Aber seitdem ich mich regelmäßig ausruhe und mein Energielevel beobachte, habe ich meine Superkräfte zu schätzen gelernt. Du hast auch Superkräfte,

Manu, denn durch dein gutes Gehör konnten die Einbrecher vom Schmucklädchen geschnappt werden. Deine feine Nase hat dir geholfen, die Katze von Gabi wieder zu finden. Und jetzt hast du auch noch den Sensori-Wettbewerb gewonnen. Das ist doch ganz und gar außergewöhnlich!"

„Hm, vielleicht hast du recht", gab das Kind zögernd zu, „und heute ist es mir sogar ganz gut gelungen, auf meine Energie zu achten und mich rechtzeitig auszuruhen."

„Gut gemacht!", lobte Sensi. „Durch deine feine Wahrnehmung kannst du die Welt auf eine sehr schöne und besondere Weise erleben. Schließe mal deine Augen und berühre den weichen Stoff der Hängematte, in der wir liegen. Na, wie fühlt sich das an?"

„Oh, ja. Mhm ... das ist schön. So weich und flauschig. Ach, ich bleibe noch eine Weile hier liegen ...", sagte Manu genüsslich und das Sensi-Band leuchtete grün.

„Dann noch viel Spaß beim Genießen. Bis bald!", verabschiedete sich Sensi und hüpfte durch den Garten davon.

Pädagogische Anregungen zu dieser Geschichte findet ihr auf S. 74.

Heimkino – intensive Gefühlswelt

Eines Tages war Manu mit Efe und Abena bei Joris zum Heimkino eingeladen.

„Schaut mal, ich habe für uns einen tollen Film aus der Bücherei ausgeliehen!", rief Joris ganz aufgeregt.

„Worum geht's denn da?", fragte Manu schüchtern. Die Filmhülle wurde herumgezeigt, dort stand: „In der Wüste ist was los".

„Hey, super!", meinte Abena. „Der soll voll cool sein!"

Die Kinder machten es sich auf der Couch gemütlich und dunkelten den Raum ab. Nun konnte es losgehen. Der Wüstenfilm war spannend. Doch nach einer Weile rutschte Manu unruhig auf dem Sofa hin und her, knabberte angespannt an den Fingernägeln und dachte: „Die fiese Klapperschlange und die bedrohlichen Skorpione machen mir Angst und die düstere Musik erst recht. Ich will den Film am liebsten nicht mehr weiter gucken. Aber jetzt einfach aufstehen und gehen? Wie peinlich."

Als dann auch noch der Partner der Springmaus starb, liefen Manu die Tränen über die Wangen und das Sensi-Band zeigte orange an.

„Boah, Manu," raunzte Efe, „ist doch nur ein Film."

„Heul doch nicht schon wieder!", stichelte Joris.
Manu hielt es nicht mehr aus: Erst der spannende und traurige Film, und jetzt lästerten die auch noch.
Auf direktem Weg flüchtete das Kind ins Badezimmer. „Wie können die anderen nur so gefühllos sein? Der Film ist doch super traurig", schluchzte Manu.
Da klopfte Sensi plötzlich an die Badezimmertür und sprach mitfühlend: „Hey, Manu. Wie kann ich dir helfen?"
„Geh weg, lass mich in Ruhe! Niemand kann mir jetzt helfen", weinte Manu.
Sensi beteuerte: „Ich lass dich nicht allein. Wir stehen das gemeinsam durch. Machst du mir auf?"
Nach einem kurzen Zögern ließ das Kind Sensi eintreten.
Manu schniefte mit tränenerstickter Stimme: „Ich will den traurigen Film nicht mehr sehen. Außerdem waren die anderen Kinder gemein zu mir! Ich fühle mich sooo schrecklich."

Sensi strich Manu eine Weile beruhigend über den Rücken: „Ja, auch das Erleben deiner Gefühle ist intensiv und hochsensibel. Das ist wie eine Schildkröte ohne Panzer. Traurige oder aufregende Ereignisse prallen an uns nicht ab, sondern berühren uns ganz stark."

„Ich wünschte, ich wäre ganz normal. So, wie die anderen. Dann könnte ich den Film gucken, ohne zu weinen, auf die Kirmes gehen, ohne erschöpft zu sein, und mein Leben wäre viel einfacher," klagte Manu.

Sensi antwortete einfühlsam: „Den Wunsch kenne ich. Aber es macht nur miese Laune, sich mit anderen zu vergleichen."

Nachdenkliches Schweigen.

„Jedes Kind hat andere Stärken. Wenn wir alle gleich wären, wäre das Leben doch langweilig", fuhr Sensi fort. „Jeder Mensch ist einzigartig. Du bist gut so, wie du bist."

Manu blieb stumm.

„Was kannst du denn besonders gut?", erkundigte sich das Wesen.

Manu überlegte kurz und sagte dann: „Ich kann schnell rennen ... und sehr gut zeichnen."

„Toll! Und du hast ja auch noch deine hochsensiblen Superkräfte!", ergänzte Sensi.

Da wischte sich Manu die restlichen Tränen aus dem Gesicht und bat Sensi: „Liest du mir bitte eine schöne Geschichte vor? Das lenkt mich ab und beruhigt mich immer."

Die beiden zogen sich ins Kinderzimmer von Joris zurück und machten es sich mit einem Buch im Sessel gemütlich. Eingekuschelt begann Sensi zu lesen.

Als sie fertig waren, bedankte sich Manu fürs Vorlesen. „Mir geht es schon viel besser." Auch das Sensi-Band war inzwischen nur noch gelb.

Und nun? Sensi ermutigte Manu, mit den Kindern zu reden, sobald der Film zu Ende war. Gemeinsam überlegten sie, wie Manu das Gespräch führen könnte.

„Begleitest du mich?", fragte das Kind ängstlich. Sensi nickte aufmunternd und setzte sich unsichtbar auf Manus Schultern.

Zurück im Wohnzimmer rief Abena: „Du hast das Ende des Films verpasst. Wo warst du denn die ganze Zeit?"

„Ich habe lieber gelesen ...", erwiderte Manu, blickte in erstaunte Gesichter und begann schüchtern:
„Ähm ... Ich möchte mal kurz mit euch reden."
„Ja, klar. Was ist los?", wollte Efe wissen und setzte sich neben Manu. „Also ... ähm ... mich nehmen Filme immer so mit ... denn ich ... kann mich gut in andere hineinfühlen und dann ist es für mich kaum auszuhalten, wenn es so spannend ist oder im Film jemand stirbt."
Manu erzählte den anderen von der hochsensiblen Wesensart und wie verletzend ihre Kommentare zuvor waren.
„Das tut mir leid, ehrlich", meinte Efe. „Wir wussten ja nicht, dass du das alles anders wahrnimmst als wir."
Auch Joris entschuldigte sich für seinen blöden Spruch.
„Entschuldigung angenommen", nickte Manu erleichtert.
Abena sagte: „Danke, dass du mit uns gesprochen hast. Das war sehr mutig. Jetzt verstehen wir dich besser."
Manu war stolz auf sich und erleichtert: „Puh, bin ich froh, dass ich mich getraut habe, euch von meiner Situation zu erzählen." Da merkte das Kind, wie die Schulter ein klein wenig leichter wurde. Sensi war wieder verschwunden.
Dankbar hielt Manu noch einen Moment inne und sah das grün leuchtende Sensi-Band.

„Sollen wir noch etwas spielen? Wie wäre es mit ‚Mensch ärgere Dich nicht', habt ihr Lust?", schlug Abena vor. „Mhm ... das mag ich nicht so", meinte Manu. „Was ist mit ‚Aufgepasst!'? Da können wir gemeinsam einen Dieb schnappen." „Spitze! Das mag ich auch total gern!", rief Joris und holte das Spiel aus seinem Zimmer. Zusammen verbrachten die Kinder noch einen schönen Nachmittag.

Pädagogische Anregungen zu dieser Geschichte findet ihr auf S. 75.

Gemeinsame Mission

Einige Monate später, als Manu schon lange nichts mehr von Sensi gehört hatte, saß das hochsensible Wesen auf einmal wieder auf der Couch im Kinderzimmer.

„Hallo, Manu. Ich wollte mal schauen, wie es dir so geht", strahlte Sensi.

Lächelnd antwortete Manu: „Danke, mir geht es viiiiel besser. Du hast mir sehr geholfen."

„Das ist ja wunderbar!", freute sich Sensi. „Wo ist denn dein Sensi-Band?"

„Das brauche ich gar nicht mehr. Denn wenn meine Energie runtergeht, sendet mir mein Körper bestimmte Signale, die ich inzwischen ganz gut verstehen kann. Dann ruhe ich mich aus oder zeichne Comics", erklärte Manu.

Sensi kam aus dem Staunen gar nicht mehr heraus.

„Das Sensi-Band habe ich Rike gegeben. Sie ist auch hochsensibel und geht in meine Parallelklasse. Wir sind seit kurzem befreundet", schilderte Manu.

„Und wie geht es dir in der Schule?", war Sensi neugierig.

„Dort ist es nun auch erträglicher. Im Unterricht trage ich manchmal einen dämpfenden Kopfhörer, damit mich Geräusche nicht so ablenken. Außerdem haben Rike und ich mit unserer Schulleiterin gesprochen und dürfen nun in den Pausen auch in die ruhige Schulbücherei gehen."

„Super, dass ihr euch gegenseitig helft!", rief Sensi begeistert.

Manu fuhr fort: „Rikes hochsensible Art ist übrigens etwas anders als meine. Bei ihr sind nur die Sinne hochsensibel, ihre Gefühle eher nicht."

Sensi antwortete: „Ja, auch die hochsensiblen Wesen sind nicht alle gleich."

„Rike und ich würden gerne noch weiteren hochsensiblen Kindern helfen", meinte Manu.

„Prima, dass ihr mich unterstützen wollt!", jubelte Sensi. „Dann bringe ich beim nächsten Mal noch ganz viele Sensi-Bänder mit."

„Ich danke dir für alles, Sensi", flüsterte Manu glücklich. Zum Abschied umarmten sich beide so lange, wie sie es noch nie getan hatten.

> Pädagogische Anregungen zu dieser Geschichte findet ihr auf S. 77.

Pädagogisches Begleitmaterial

Was ist Hochsensibilität?

Wie im Kapitel „Sensi" erklärt wird, sind hochsensible Personen (abgekürzt HSP) Menschen mit einer besonderen Wesensart: Sie haben eine vielschichtigere Wahrnehmung und eine intensivere Gefühlswelt als andere.

Durch die fehlende oder geringere Filterfunktion des Gehirns müssen sie mehr Informationen und Gefühle verarbeiten und so eine höhere Anpassungs- und Denkleistung vollbringen, was mit einer in der Regel deutlich verringerten Belastbarkeit einhergeht.

Manus Wesensart zeigt möglichst viele Eigenschaften von HSP, sowohl die emotionale als auch die sinnesbezogene Hochsensibilität. Das heißt aber nicht, dass alle hochsensiblen Menschen genauso sind.

Im Kapitel „Gemeinsame Mission" wird deutlich, dass es nicht die eine Form der Hochsensibilität gibt, sondern unterschiedliche Ausprägungen.

Hochsensible Personen sind auch nicht per se **introvertiert**, das betrifft allerdings ca. 70 %. Meistens wirken hochsensible Kinder aber introvertiert, wenn sie von vielen Eindrücken überwältigt werden und in neuen Situationen eher zurückhaltend agieren. (Aron, 2008).

Zum Teil wird bei hochsensiblen Kindern fälschlicherweise **ADS** (Aufmerksamkeits-Defizit-Syndrom) diagnostiziert, weil es auf den ersten Blick Gemeinsamkeiten zu Kindern mit ADS gibt: zum Beispiel ihre Ablenkungsbereitschaft. Menschen mit ADS haben generelle Konzentrationsschwierigkeiten und Probleme bei der Entscheidungsfindung. Wenn die Umgebung ruhig und reizarm ist, sind hochsensible Menschen hingegen in der Lage, Entscheidungen zu treffen und sich auch länger auf etwas zu konzentrieren, In einer unruhigen Umgebung können hochsensible Kinder nur einen gewissen Zeitraum konzentriert arbeiten, da es sie sehr viel Energie kostet (Aron, 2008).

Unterstützung von hochsensiblen Kindern

Da Hochsensibilität keine Krankheit oder Behinderung ist, gibt es auch keine allgemein anerkannten Diagnoseverfahren. Die amerikanische Psychologin Dr. Elaine N. Aron, Pionierin in der Hochsensibilitätsforschung, hat 1996 eine Liste zur Selbstüberprüfung mit typischen Merkmalen entwickelt, mit der eine mögliche hochsensible Veranlagung erkannt werden kann.

Neben Manus Geschichten möchte ich zur weiteren Vertiefung den Test der Sozialpädagogin Sandra Quedenbaum empfehlen, der auf Grundlage von Arons Kriterien weiterentwickelt wurde. Dieser Test (siehe Literaturnachweise und weitere Empfehlungen) ist recht umfassend und geeignet, die hochsensible Wesensart besser zu verstehen und zu überprüfen, ob ein Kind hochsensibel sein könnte.

Gemeinsam handeln

Für Eltern, Erzieher*innen und Lehrkräfte ist es hilfreich, die Einschätzung, dass man ein Kind für hochsensibel hält, gemeinsam zu besprechen. Dabei kann es sinnvoll sein, den oben genannten Hochsensibilitätstest durchzugehen und die erhaltenen Ergebnisse abzugleichen. Eltern und Pädagog*innen sollten sich darüber austauschen, wie sich die hochsensible Wesensart eines Kindes im Alltag zeigt, wo Probleme und Überreizungen auftauchen und welche Unterstützungsmöglichkeiten es gibt. Je nach Alter sollte das Kind nach einem Gespräch über Hochsensibilität (siehe unten) aktiv in die Suche nach Lösungen mit eingebunden werden.

Wie sage ich es meinem Kind?

Für jede HSP ist es wichtig zu wissen, dass sie eine hochsensible Wesensart besitzt. Je früher Kinder das von sich wissen, desto besser können sie ihre Hochsensibilität erkennen und damit lernen umzugehen. Auf diese Weise entwickeln sie ein positives Selbstbild. Dabei ist eine altersgemäße und feinfühlige Begleitung wichtig. Sensis Erklärungen und Manus Geschichten unterstützen den Prozess der Selbsterkenntnis.

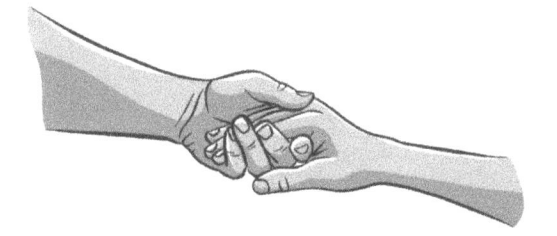

Hochsensible Kinder unterstützen

Die folgenden Hinweise sind nicht nur für hochsensible Kinder wichtig, aber besonders für diese Kinder geeignet.

- Wir helfen hochsensiblen Kindern, wenn wir **wertschätzend, geduldig** und in einer **ruhigen Lautstärke** mit ihnen sprechen, ohne zu drängen oder zu viel zu reden.

- Wenn wir für ihre Probleme (und seien sie aus unserer Perspektive auch noch so unbedeutend) **Verständnis** zeigen, ihre Gefühle ernst nehmen und ihre hochsensible Wesensart respektieren, können Kinder ein gesundes Selbstbild entwickeln und sich selbst nicht als „falsch" erleben. Es sollte in jedem Fall jegliche Form der Abwertung vermieden werden.

- Jedes Kind hat das Recht, „**Nein**" zu sagen, seine Bedürfnisse und Grenzen zu äußern und zu wahren. Das müssen wir als Eltern und Pädagog*innen respektieren und fördern.

- Wenn hochsensible Kinder noch sehr klein sind, müssen wir als Erwachsene dafür sorgen, dass sie nicht durch **Reizüberflutung** völlig erschöpfen, indem wir ihr Energielevel im Blick behalten und ihnen ausreichend Rückzugsmöglichkeiten, Erholungspausen und Bewegungsräume anbieten.

- Indem wir den Alltag ein Stück weit an die **Bedürfnisse** hochsensibler Kinder anpassen, können wir große Belastungen im Vorfeld reduzieren.

- Die **Balance** zwischen **Ruhe und Aktivität** ist sehr wichtig. Dabei sollten vor allem Termine – auch für die Freizeit – möglichst umsichtig geplant werden. Die Erfahrung zeigt: Weniger ist mehr.

- Wichtig ist, insgesamt viel **Zeit**, auch für Unvorhergesehenes, einzuplanen und bei Zeitnot nicht noch mehr zu hetzen, sondern lieber gelassen zu bleiben.

- Zusätzlich geben **Rituale** und ein gut strukturierter Alltag hochsensiblen Kindern Sicherheit und Halt. In ungewohnten oder gänzlich neuen Situationen sind eine kleinschrittige Vorgehensweise und der Hinweis auf vertraute Aspekte hilfreich. Eine gute Vorbereitung und auch ein Gespräch darüber, was schiefgehen kann und wie man damit am besten umgeht, bieten dem Kind Sicherheit.

- Die **Eigenverantwortung** des hochsensiblen Kindes sollte mehr und mehr gefördert werden, indem es lernt, die Zeichen der Erschöpfung selbst zu erkennen und Selbstfürsorge zu betreiben.

- Damit hochsensible Kinder ihre Wesensart nicht als Belastung wahrnehmen, ist es wichtig, ihr **Selbstbewusstsein** aktiv zu stärken und eine positive Einstellung zur hochsensiblen Wesensart zu fördern. Dies gelingt am besten, indem wir die Kompetenzen und „Superkräfte" von hochsensiblen Kindern stärken, und zwar mit möglichst wenig Leistungsdruck und Wettbewerb.

- Auch eine gesunde (nährstoffreiche, zuckerarme und koffeinarme) **Ernährung** sorgt für „Energienachschub" und eine körperliche Balance.

Jedes Kind und auch jedes hochsensible Kind ist anders. Daher gibt es keine allgemeingültigen Handlungsvorschriften, denn es muss individuell geschaut werden, was das Kind braucht und in welchem Maße es durch Schule und Elternhaus unterstützt werden kann. Manus Geschichten und das pädagogische Begleitmaterial dieses Buches geben Eltern, Erzieher*innen und Lehrkräften hilfreiche Methoden und Rituale an die Hand, hochsensible Kinder auf vielfältige Art und Weise zu unterstützen.

Das Leben mit einem hochsensiblen Kind kann sehr fordernd sein. Wenn wir als Eltern merken, dass wir trotz aller Bemühungen nicht weiterkommen, ist es hilfreich, **professionelle Unterstützung** in Anspruch zu nehmen. Auch wenn es sich vielleicht wie elterliches Versagen anfühlt, so ist es keine Schande, sondern ein Zeichen von Stärke, sich Hilfe zu holen. Wir müssen als Eltern nicht alles können.

Verhaltenstherapie ist sehr hilfreich, aber auch osteopathische Sitzungen, Reittherapie, Kinder-Yoga-Kurse oder Ähnliches können insbesondere hochsensiblen Kindern helfen, ihr Nervensystem zu beruhigen und Verspannungen zu lösen. Wichtig ist, die Kinder dabei **ganzheitlich** im Blick zu haben, also sowohl auf der körperlichen als auch auf der psychischen Ebene Unterstützung zu suchen.

Pädagogische Anregungen zu den Geschichten

Ich bin Sensi

Enthaltene Informationen über Hochsensibilität:

- Hochsensible Wahrnehmung bedeutet, äußere Eindrücke mit allen Sinnen wesentlich intensiver und vielschichtiger aufzunehmen und zu verarbeiten.
- Sensi vergleicht die hochsensible Wahrnehmung mit dem Sortieren von Obst, wobei hochsensible Menschen wesentlich mehr Sortierkörbe haben als durchschnittlich sensible Menschen.
- Die Hochsensibilität zeigt sich oft auch in der intensiven Wahrnehmung der Gefühle.
- Hochsensibilität ist keine Krankheit, sondern eine besondere Wesensart, wie schüchtern oder ehrgeizig sein.
- Die hochsensible Wesensart bringt eine schnellere Reizüberforderung und Erschöpfung mit sich.
- HSP sind oft sehr mitfühlend und empathisch und haben eine ausgezeichnete Beobachtungsgabe.

Gesprächsanregungen:

- In welchen Situationen nutzt du deine Sinne ganz besonders bewusst?

Z.B. im Straßenverkehr (Hören, Sehen), um zu testen, ob ein Lebensmittel noch gut ist (Sehen, Riechen, Schmecken), beim Musizieren (Hören), beim Lesen (Sehen), beim Suchen von Dingen (Sehen), etc.

Passende Rituale:

- Waldbaden (S. 95)
- Achtsamkeit im Alltag (S. 98)

Polizeieinsatz – Viel um die Ohren

Enthaltene Informationen über Hochsensibilität:

- Menschen, deren Sinne hochsensibel wahrnehmen, haben z.B. empfindliche Ohren und nehmen Geräusche intensiv wahr.
- Oft fühlen sich Hochsensible falsch, weil sie merken, dass sie anders sind, aber nicht wissen, warum dies so ist. Wichtig ist, dass es hochsensiblen Menschen bekannt ist, dass sie diese Wesensart haben.
- Es gibt viele HSP: Sie sind daher nicht allein mit dieser Wesensart.
- Es ist wichtig, dass Hochsensible auf ihre Energie achten.
- Einige hochsensible Menschen haben Schwierigkeiten mit Veränderungen oder Neuerungen und scheuen sich vor Kontakt zu Fremden.

Gesprächsanregungen:

Problematische Situation:

- Wann und warum geht es Manu schlecht?

Beim Polizeieinsatz erschöpft Manu durch die vielen Geräusche und den Lärm. Durch das Kopfchaos und die Abneigung vor Fremden ist Manu nicht in der Lage, die Frage der Polizistin zu beantworten. Später kann Manu trotz Müdigkeit schlecht einschlafen.

- Gibt es Situationen, in denen es dir ähnlich geht? Wenn ja, welche?

Lösungsstrategien:

- Was hilft Manu?

Sensi ist sehr einfühlsam und spricht mit Manu. Manu erhält das Sensi-Band, welches helfen soll, auf die eigene Energie zu achten. Beim Einschlafen hilft Manu der Fokus auf den Atem und ein Schlaflied.

- Wer oder was könnte dir in deiner Situation helfen?

Manus Superkraft:

- Was ist Manus Superkraft in dieser Geschichte und wie kann Manu sie einsetzen?

Manus gutes Gehör hat zur Überführung der Diebe geführt.

Passende Rituale:

- Sensis Entspannungsreisen (S. 81)
- Lauschen (S. 88)
- Waldbaden (S. 95)
- Achtsamkeit im Alltag (S. 98)
- Zahlen-Atmung (S. 110)
- Stopp-Wort (S. 112)
- Gedankenkreisel-Stopp (S. 114)
- ABC-Fokus (S. 115)
- Wohlfühl-Check (S. 116)
- Bedürfnisse klären (S. 118)
- Stress erforschen (S. 120)
- Balance finden (S. 121)
- Sensis Soforthilfe (S. 123)
- Sensi-Band-Hilfe (S. 125)

Kirmesbesuch – Unter vier Augen

Enthaltene Informationen über Hochsensibilität:

- Die hochsensible Wahrnehmung funktioniert nach dem Prinzip „Alles ist wichtig", da der Wahrnehmungsfilter fehlt. Die Reize dringen ungehindert ein und müssen alle verarbeitet werden.

- RECHTZEITIG Pausen zu machen und Kraft zu tanken, ist für hochsensible Personen besonders wichtig, weil sie durch die zahlreichen Eindrücke und deren vielschichtige Verarbeitung schneller an ihre Belastungsgrenze stoßen.

Gesprächsanregungen:

Problematische Situation:

- Wann und warum geht es Manu schlecht?

Auf der Kirmes ist Manu durch die ungewohnten visuellen Eindrücke und die vielen grellen Lichter erschöpft. Aufgrund der großen Auswahl an Spielzeug kann sich Manu nicht für einen bestimmten Gewinn entscheiden und ist anschließend traurig, dass der ungeduldige Budenbesitzer einen Plüsch-Elefanten herausgibt, den Manu nicht haben möchte.

- Gibt es Situationen, in denen es dir ähnlich geht? Wenn ja, welche?

Lösungsstrategien:

- Was hilft Manu?

Manu macht abseits eine Pause, schüttelt sich kräftig und schließt dann die Augen, hält sich die Ohren zu und beruhigt den Atem. Im Gespräch mit Sensi wird Manu klar, dass es wichtig ist, rechtzeitig Kraft zu schöpfen. Nach der Achterbahn ruht sich Manu auf dem Riesenrad etwas aus. Beim Entenangeln erbittet sich Manu eine längere Bedenkzeit für die Gewinnauswahl.

- Wer oder was könnte dir in deiner Situation helfen?

Manus Superkraft:

- Was ist Manus Superkraft in dieser Geschichte und wie kann Manu sie einsetzen?

Manu hat eine genaue Beobachtungsgabe und einen guten Blick für Details. Auf diese Weise bemerkt Manu sofort, dass Abena neue Ohrringe hat. Manu kann gut zielen und gewinnt beim Dosenwerfen und Entenangeln.

Passende Rituale:

- Sensis Entspannungsreisen (S. 81)
- Waldbaden (S. 95)
- Achtsamkeit im Alltag (S. 98)

- Zahlen-Atmung (S. 110)
- Stopp-Wort (S. 112)
- ABC-Fokus (S. 115)
- Wohlfühl-Check (S. 116)
- Bedürfnisse klären (S. 118)
- Stress erforschen (S. 120)
- Balance finden (S. 121)
- Sensis Soforthilfe (S. 123)
- Sensi-Band-Hilfe (S. 125)
- Sensis Abwehrsprüche (S. 126)

Waldsuche – Der richtige Riecher

Enthaltene Informationen über Hochsensibilität:

- Intensive Gerüche sind für Hochsensible oft nicht auszuhalten.

- Reizintensive Umgebungen sollten, wenn möglich, von HSP vermieden werden oder nur kurz bzw. sehr selten aufgesucht werden.

- Neben Erholung ist aktive Bewegung jeglicher Art, am besten draußen, für hochsensible Menschen sehr wichtig, da sie so ihre Anspannungen abbauen und der damit verbundenen Überforderung entgegenwirken können.

Gesprächsanregungen:

Problematische Situation:

- Wann und warum geht es Manu schlecht?

Manu wird vom Zigarettengeruch und den verschiedenen aufdringlichen Gerüchen der Parfümerie übel. Die Tatsache, dass Maike kein Verständnis dafür hat, macht Manu traurig. Auch der Geruch der toten Maus löst bei Manu Übelkeit aus.

- Gibt es Situationen, in denen es dir ähnlich geht? Wenn ja, welche?

Lösungsstrategien:

- Was hilft Manu?

Manu überlegt, wie solche Situationen (Parfümerie) im Vorfeld zu vermeiden wären (z.B. im Auto bleiben oder sich mit anderen Kindern treffen). Wenn Manu der Situation nicht entfliehen kann, hilft nur noch das Nasezuhalten. Bewegung hilft Manu, die Anspannung loszuwerden. Nach dem Mausgeruch ist eine Atempause im Wald befreiend.

Manus Mutter vereinbart mit dem Nachbarn zur Vermeidung des Zigarettenrauchs in der Wohnung eine rauchfreie Stunde zum Lüften.

- Wer oder was könnte dir in deiner Situation helfen?

Manus Superkraft:

- Was ist Manus Superkraft in dieser Geschichte und wie kann Manu sie einsetzen?

Durch den feinen Geruchssinn hat Manu die entlaufene Katze wiedergefunden und ein Eis zur Belohnung erhalten.

Passende Rituale:

- Schokoladengenuss (S. 93)
- Waldbaden (S. 95)
- Rituale in Bewegung (S. 98)
- Mandala in der Natur (S. 108)
- Zahlen-Atmung (S. 110)
- Power-PMR (S. 113)
- Wohlfühl-Check (S. 116)
- Bedürfnisse klären (S. 118)
- Stress erforschen (S. 120)
- Balance finden (S. 121)
- Sensis Soforthilfe (S. 123)
- Sensi-Band-Hilfe (S. 125)

Familienstreit – Reine Geschmackssache

Enthaltene Informationen über Hochsensibilität:

- Es ist wichtig, dass die Menschen im direkten Umfeld über die Hochsensibilität Bescheid wissen, damit sie diese besser verstehen und auf damit verbundene Probleme oder die mit der Hochsensibilität einhergehende Erschöpfung besser reagieren können.

- Einige HSP fühlen sich in der gewohnten Umgebung und mit bekannten Abläufen weniger überfordert und reagieren deshalb oft mit Ablehnung und Unwohlsein auf Veränderungen.

- Bei Neuerungen ist eine kleinschrittige Vorgehensweise wichtig, um die hochsensible Person vorsichtig an neue Dinge heranzuführen. Der Hinweis auf bereits vertraute Aspekte der neuen Situation hilft Hochsensiblen bei der Umgewöhnung.

Gesprächsanregungen:

Problematische Situation:

- Wann und warum geht es Manu schlecht?

Manu schmeckt das Lieblingsessen durch den scharfen Geschmack nicht. Das vorwurfsvolle und nicht empathische Verhalten von Maike und Irena macht Manu wütend und traurig.

Manu hat Angst vor großen Veränderungen und will nicht, dass Maike die Stelle wechselt, weil der Mittag dann nicht mehr gemeinsam verbracht werden kann, sondern in der Ganztagsbetreuung stattfinden soll. Andere Abläufe und fremde Menschen bereiten Manu Sorgen.

- Gibt es Situationen, in denen es dir ähnlich geht? Wenn ja, welche?

Lösungsstrategien:

- Was hilft Manu?

Dank Sensis Hilfe spricht Manu mit Maike und Irena und klärt sie über die hochsensible Wahrnehmung auf. Maike schlägt vor, dass erst nach der Essensverteilung gewürzt wird.

Manu wird frühzeitig über den Besuch der Ganztagsbetreuung informiert und es werden Absprachen mit der Betreuerin für einen einfacheren Übergang vereinbart. Manus Freundin kann bei der Eingewöhnung helfen.

- Wer oder was könnte dir in deiner Situation helfen?

Manus Superkraft:

- Was ist Manus Superkraft in dieser Geschichte und wie kann Manu sie einsetzen?

Manu freut sich über den leckeren Geschmack der Nachspeise und kann den Pudding so richtig genießen.

Passende Rituale:

- Schokoladengenuss (S. 93)
- Waldbaden (S. 95)
- Achtsamkeit im Alltag (S. 98)
- Schütteln (S. 101)
- Lachen (S. 103)
- Power-PMR (S. 113)
- Wohlfühl-Check (S. 116)
- Bedürfnisse klären (S. 118)
- Stress erforschen (S. 120)
- Balance finden (S. 121)
- Sensis Soforthilfe (S. 123)
- Sensi-Band-Hilfe (S. 125)
- Supersätze (S. 130)
- Schatzbuch (S. 134)
- Rituale für Verbindung und Kontakt (S. 137)

Museum – Ein fantastischer Wettbewerb

Enthaltene Informationen über Hochsensibilität:

- Hochsensible haben hilfreiche Superkräfte, z.B. einen feinfühligen Tastsinn und eine intensive Genussfähigkeit.
- Kratzende Schilder in der Kleidung können Hautirritationen und ein großes Unwohlsein hervorrufen.

Gesprächsanregungen:

Problematische Situation:

- Wann und warum geht es Manu schlecht?

Manus Haut ist gereizt, da das Schild des Pullovers kratzt. Nach dem langen Sensori-Wettbewerb und dem Spielen des Sensori-Spiels kann sich Manu nicht mehr so konzentrieren und ist erschöpft.

- Gibt es Situationen, in denen es dir ähnlich geht? Wenn ja, welche?

Lösungsstrategien:

- Was hilft Manu?

Bei kratzigen Schildern in der Kleidung hilft Manu das Herausschneiden oder, wie in diesem Fall, den Pullover auszuziehen und ihn verkehrt herum anzuziehen. Nach dem anstrengenden Tag beendet Manu das Spiel und erholt sich in der Hängematte. Außerdem genießt Manu den weichen Stoff der Hängematte.

- Wer oder was könnte dir in deiner Situation helfen?

Manus Superkraft:

- Was ist Manus Superkraft in dieser Geschichte und wie kann Manu sie einsetzen?

Manu hat einen sehr differenzierten Tastsinn und empfindsame Haut. Durch diese Fähigkeiten gewinnt Manu den Sensori-Wettbewerb. Das Betasten des weichen Stoffes nutzt Manu als Entspannung.

Passende Rituale:

- Sensis Entspannungsreisen (S. 81)
- Tasten (S. 90)
- Schokoladengenuss (S. 93)
- Waldbaden (S. 95)
- Mandala in der Natur (S. 108)
- Wohlfühl-Check (S. 116)
- Bedürfnisse klären (S. 118)
- Stress erforschen (S. 120)
- Balance finden (S. 121)
- Sensis Soforthilfe (S. 123)
- Sensi-Band-Hilfe (S. 125)
- Stärken (S. 132)
- Schatzbuch (S. 134)
- Superheld*in (S. 136)
- Berührung (S. 142)

Heimkino – Intensive Gefühlswelt

Enthaltene Informationen über Hochsensibilität:

- Auch emotional können HSP sehr feinfühlig sein. Sie können sich gut in andere Menschen hineinversetzen und sind sehr empathisch.

- Vergleiche lassen uns selbst oft schlechter dastehen als andere, weil wir uns mit Menschen vergleichen, die etwas besser können oder haben.

- Jede*r ist anders und hat andere Stärken und auch Schwächen. Die hochsensible Wahrnehmung bringt zwar eine deutlich geringere Belastbarkeit, dafür aber auch unschlagbare Superkräfte mit sich.

Gesprächsanregungen:

Problematische Situation:

- Wann und warum geht es Manu schlecht?

Der Film nimmt Manu emotional sehr mit. Manu ist angespannt und ängstlich und weint schließlich, als eine Hauptfigur stirbt. Auch Wut und Trauer kommen dazu, als die Kinder Manu beschimpfen und Manus Verhalten nicht verstehen.

- Gibt es Situationen, in denen es dir ähnlich geht? Wenn ja, welche?
- Spürst du auch, wenn sich jemand nicht so gut fühlt?

Lösungsstrategien:

- Was hilft Manu?

Manu zieht sich zurück. Sensi tröstet und begleitet Manu verständnisvoll. Zur Beruhigung und Ablenkung liest Sensi ein Buch vor. Anschließend besprechen die beiden, wie Manu mit den Kindern ein klärendes Gespräch führen kann.

- Wer oder was könnte dir in deiner Situation helfen?

Manus Superkraft:

- Was ist Manus Superkraft in dieser Geschichte und wie kann Manu sie einsetzen?

Manu hat ein intensives Gefühlsleben und ist sehr mitfühlend und empathisch.

Passende Rituale:

- Lachen (S. 103)
- Zahlen-Atmung (S. 110)
- Gedankenkreisel-Stopp (S. 114)
- Wohlfühl-Check (S. 116)
- Bedürfnisse klären (S. 118)
- Stress erforschen (S. 120)
- Balance finden (S. 121)
- Sensis Soforthilfe (S. 123)
- Sensi-Band-Hilfe (S. 125)
- Sensis Abwehrsprüche (S. 126)
- Rituale für Selbstliebe, Selbstbewusstsein und Lebensfreude (S. 130)
- Rituale für Verbindung und Kontakt (S. 137)
- Umgang mit Gefühlen > Buch: Schluss mit dem GEFÜHLchen-Chaos!

Gemeinsame Mission

Enthaltene Informationen über Hochsensibilität:

- Die Hochsensibilität ist bei jedem Menschen anders: Manche HSP sind eher emotional hochsensibel, andere mehr auf die Sinne bezogen und wieder andere ganzheitlich hochsensibel veranlagt.
- Hochsensible Menschen sind häufig sehr kreativ und brauchen auch den kreativen Ausdruck für ihr Wohlergehen, z.B. durch kreatives Gestalten, Musizieren, Singen, Tanzen, Geschichten erfinden und Ähnliches.
- Unser Körper sendet uns Signale, wenn wir erschöpft sind. Diese sind vor allem für Hochsensible wichtig, da sie sich mehr Pausen nehmen müssen als andere.
- Gemeinsam Probleme zu lösen hilft, und somit ist es auch für HSP wichtig, Unterstützung im Umfeld zu erfahren, um mit ihrer Wesensart besser klarzukommen.

Gesprächsanregungen:

Problematische Situationen und Lösungsstrategien:

- Für welche Probleme in dieser Geschichte hat Manu schon eigenständig Lösungen gefunden?

Um sich vor zu vielen Reizen zu schützen, trägt Manu einen Gehörschutz im Unterricht und verbringt die Pausen auch mal in der Bücherei der Schule. So hat Manu einen ruhigeren Schulalltag und braucht das Sensi-Band nicht mehr, da Manu die Signale des Körpers aufmerksam beachtet und nun mit der nachlassenden Energie immer besser umgehen kann. Manu hat andere Kinder gefunden, die auch hochsensibel sind, und sie helfen sich gegenseitig. Gefühle und Kreativität lebt Manu im Comiczeichnen aus.

Superkräfte:

- Die hochsensible Wesensart ist eine Gabe. Wie können Hochsensible ihre Superkräfte einsetzen?

Hochsensible Menschen sind oft sehr empathisch, mitfühlend und können sich gut in andere hineinversetzen. Diese Fähigkeiten sind im Umgang mit anderen Menschen sehr wertvoll und machen zum Beispiel eine*n gute*n Freund*in aus. Auch in vielen Berufen, bei denen der Kontakt mit Menschen im Vordergrund steht, ist eine empathische Wesensart hilfreich, wie z.B. bei Erzieher*innen, Lehrer*innen, Pfleger*innen, Ärzt*innen oder Therapeut*innen. Hochsensible sind meist wunderbare Trostspender*innen und Helfer*innen.

Eine gute Beobachtungsgabe ist sehr hilfreich, z.B. beim Lernen und dem Lösen von Rätseln oder als Detektiv*in oder Polizist*in. Hochsensible Menschen profitieren auch in vielen anderen Bereichen von ihrer Genauigkeit im Beobachten, Arbeiten, Handeln und Denken.

Ein gutes und differenziertes Gehör ist zum Beispiel für alle Menschen wichtig, die ein Instrument spielen oder singen. Hochsensible verfügen häufig über eine musische und/oder künstlerische Begabung.

Mit ihrer intensiven Wahrnehmung haben hochsensible Menschen eine große Genussfähigkeit und können ihre Sinne auch zur Entspannung nutzen. Außerdem ist der Einsatz ihres guten Geruchs- und Geschmackssinns beim Kochen oder Backen von Vorteil.

- In welchen Bereichen hilft es dir, intensiv wahrzunehmen und zu fühlen?

Passende Rituale:

- Unterstützung von hochsensiblen Kindern (S. 63)
- Kreative Rituale (S. 105)
- Wohlfühl-Check (S. 116)
- Bedürfnisse klären (S. 118)
- Stress erforschen (S. 120)
- Balance finden (S. 121)
- Sensis Soforthilfe (S. 123)
- Sensi-Band-Hilfe (S. 125)
- Sensis Abwehrsprüche (S. 126)
- Rituale für Selbstliebe, Selbstbewusstsein und Lebensfreude (S. 130)
- Rituale für Verbindung und Kontakt (S. 137)

Rituale für hochsensible Kinder

Rituale zur Entspannung

Kinder, und hier vor allem hochsensible Kinder, brauchen viele Auszeiten, um das Erlebte zu verarbeiten und zu regenerieren. Heutzutage haben Kinder oft einen langen, stressigen Alltag und müssen sich ständig in vorgegebene Abläufe einordnen. Unsere beschleunigte, überladene Zeit mit zahlreichen Kontakten, großer Informationsflut und digitalem Konsum kann zu einer schnellen Überforderung aller und nicht nur hochsensibler Kinder führen (Wilhelm, 2022).

Deshalb sind Rituale zur Entspannung sehr wichtig, da sie auf körperlicher und psychischer Ebene gesundheitsfördernd sind, wenn wir sie regelmäßig praktizieren.

Als Entspannungstrainerin habe ich zahlreiche Meditationsformen kennengelernt und erprobt. Im folgenden Kapitel befinden sich unterschiedlichste Rituale zur Entspannung und Stressreduktion, die ich für Kinder entworfen oder abgewandelt habe. Die Atmung und Achtsamkeit spielen dabei eine wichtige Rolle:

Unser **Atem** ist das wichtigste Element der Entspannung, denn der Fokus auf die Atmung bringt uns in den gegenwärtigen Moment, ins Hier und Jetzt. Dabei ist das lange Ausatmen besonders wichtig. Während wir tief atmen, werden unsere Organe und unser ganzer Körper mit Sauerstoff versorgt und gut durchblutet. Das entschlackt und entgiftet. Unsere Muskeln entspannen sich, die Ausschüttung von Stresshormonen wird reduziert und unsere Konzentrationsfähigkeit erhöht sich. Deshalb wird der Atmung in jedem hier vorgestellten Ritual Aufmerksamkeit geschenkt.

Laut Jon Kabat-Zinn, dem Begründer des Achtsamkeitstrainings, bedeutet **Achtsamkeit** das bewusste Wahrnehmen von dem, was gerade ist: Sinneswahrnehmungen und Körperempfindungen, aber auch Gedanken und Gefühle werden bewusst beobachtet. Kabat-Zinn betont dabei das „Nicht Urteilen", das heißt, es wird nur wahrgenommen, ohne das Wahrgenommene zu bewerten. Außerdem ist eine Haltung, die er den „Geist des Anfängers" nennt, wichtig, wobei alles offen und neugierig wahrgenommen wird, so als würde man es das erste Mal tun (Kabat-Zinn, 2009). Dieses bewusste Wahrnehmen ist für viele meditative Rituale von hoher Bedeutung.

Sensis Entspannungsreisen

Sensis Entspannungsreisen sind **meditative Fantasiegeschichten zum Vorlesen**, bei denen die Kinder gemeinsam mit Sensi auf Entdeckungsreise gehen, viele wunderschöne Dinge in der Natur erleben und genießen können.

Gleichzeitig entspannen Sensis Reisen durch die eingebundenen Elemente aus dem Autogenen Training, eine bewährte Entspannungsmethode, entwickelt von dem Psychiater Johannes Heinrich Schultz, bei der wir durch die Vorstellung von Ruhe und Wärme sowie Schwere des Körpers und einer ruhigen Atmung entspannen können.

Jede Entspannungsreise hat zwei unterschiedliche Enden, je nachdem, ob die Geschichte zum Einschlafen oder zur Entspannung am Tage genutzt wird.

Die Entspannungselemente sind in den Geschichten fett gedruckt und sollen betont langsam und mit ruhiger Stimme gelesen werden.

Sensis Reise zum Nachthimmel

Lege dich mit dem Rücken auf eine bequeme Unterlage oder in dein Bett. Deine Arme liegen locker neben deinem Körper und deine Füße fallen leicht nach außen. Schließe deine Augen.

Heute ist ein ganz besonderer Tag: Sensi lädt dich zu einem Ausflug ein. Gemeinsam erkundet ihr die Natur und seht viele wunderschöne Dinge.

Du machst dich bereit für den Ausflug und wählst warme Kleidung. Du schlüpfst mit deinen Beinen in eine lange Hose, ziehst dir eine warme Jacke und bequeme, warme Schuhe an und spürst sofort, wie dich deine Kleidung wärmt. Anschließend wickelst du einen kuscheligen Schal um deinen Hals und setzt deine Mütze auf.

In deiner bequemen Kleidung ist dein ganzer Körper angenehm warm und entspannt.

Um zum Ausflugsziel zu gelangen, hält dich Sensi an beiden Händen und ihr atmet gemeinsam dreimal tief ein und aus. Das ist eure Zauberformel, um an andere Orte zu gelangen. Am besten atmest du tief in den Bauch hinein, sodass er richtig groß wird.

Mach mit: Atme tief ein und wieder aus. Atme ganz tief ein und langsam wieder aus. Noch ein letztes Mal: Atme tief ein und langsam wieder aus.

Um euch herum wird es ganz hell und ihr hebt leicht vom Boden ab. Nach einer kurzen Zeit des Schwebens nimmt das helle Licht wieder ab und ihr steht mit beiden Beinen auf dem Boden.

Du befindest dich neben Sensi mitten im Wald auf weichem, moosbedecktem Waldboden. Heute habt ihr Taschenlampen dabei, denn es ist recht dunkel draußen. Mit den Lampen könnt ihr eure nähere Umgebung trotzdem sehen.

Sensi nimmt deine Hand und ihr geht gemeinsam ruhig und gemütlich durch den Wald.

Das ist sehr angenehm. Dein Körper wird vom weichen Boden getragen und du fühlst dich wohl und sicher.

Du läufst mit Sensi den Waldweg entlang. Links und rechts siehst du unterschiedliche Pflanzen und Bäume. Du hörst Grillen zirpen und in der Ferne quaken leise ein paar Frösche. Ein paar Schritte weiter zeigt Sensi auf eine Stelle und tatsächlich kannst du dort Glühwürmchen leuchten sehen. Wie wunderbar!

Ihr wollt zu einer Lichtung gelangen und von dort aus die Sterne beobachten. Je näher ihr der Lichtung kommt, umso heller wird es, denn der Vollmond scheint heute ganz besonders hell. Als ihr nach einer Weile an der Lichtung angekommen seid, breitet Sensi eine Decke aus. Sensi legt sich mit dem Rücken auf die Decke und du machst es ihm nach.

Du fühlst dich mit Sensi sicher und wohl. Deine Beine und Arme sind angenehm schwer. Dein ganzer Körper ist angenehm schwer.

Du blickst in den Nachthimmel und siehst Abermillionen Sterne. Sie strahlen und funkeln ganz unterschiedlich. Einige sind ganz hell und groß, andere wirken ganz klein und deutlich weiter weg.

Vom vielen Laufen sind deine Beine und Arme angenehm warm geworden. Dein ganzer Körper ist angenehm warm.

Sensi erklärt dir ein paar Sternzeichen am Himmel. Jetzt erkennst du auch den großen Wagen und bist fasziniert, wie die Sterne Bilder ergeben. Du entdeckst auch ein paar eigene Sternbilder am Himmel. Die unzähligen Sterne ergeben tolle Tiere und Muster. Sensi freut sich über deine Sternbilder.

Du genießt den Blick in den Nachthimmel und fühlst dich dabei ruhig und entspannt. Dein Körper ist angenehm schwer und warm.

Nach einer Weile sagt Sensi, dass es Zeit ist, wieder nach Hause zu gehen. Ihr erhebt euch langsam und lächelt euch zufrieden an. Gemeinsam faltet ihr die Decke zusammen und geht wieder Richtung Waldrand.

Auf dem Weg zurück genießt du die Ruhe und die angenehme Schwere und Wärme in deinem Körper. Dein ganzer Körper ist entspannt.

Du blickst noch einmal nach oben und siehst den hellen Schein des Mondes und das Funkeln der Sterne zwischen den Baumkronen.

Nun fasst dich Sensi wieder an den Händen und ihr atmet gemeinsam ein und aus.

Mach mit: Atme dreimal tief ein und langsam wieder aus.

Um euch herum wird es wieder hell und ihr beginnt zu schweben.

ZUM EINSCHLAFEN:

Nach einer kurzen Zeit des Schwebens nimmt das helle Licht wieder ab und du spürst, wie du entspannt in deinem Bett liegst. Du hast deinen Schlafanzug schon an. Sensi sitzt an deiner Bettkante und sagt dir „Gute Nacht".

Kuschel dich gemütlich in deine Decke hinein und sinke nun langsam in einen tiefen und erholsamen Schlaf.

ZURÜCK IN DEN TAG:

Nach einer kurzen Zeit des Schwebens nimmt das helle Licht wieder ab und du spürst, wie du entspannt auf deiner Unterlage liegst. Du verabschiedest dich von Sensi.

Bewege nun deine Finger und Zehen ein wenig. Recke und strecke deine Arme und Beine und bewege deinen Körper etwas. Nimm noch einen tiefen Atemzug. Wenn du bereit bist, öffne langsam deine Augen und komme zurück in den Tag. Du fühlst dich erfrischt und voller Energie.

- Wie war diese Entspannungsreise für dich?
- Was hast du beobachtet und wahrgenommen?
- Was ist in deinem Körper passiert?
- Wie fühlst du dich jetzt?

Sensis Reise zur Tropfsteinhöhle

Lege dich mit dem Rücken auf eine bequeme Unterlage oder in dein Bett. Deine Arme liegen locker neben deinem Körper und deine Füße fallen leicht nach außen. Schließe deine Augen.

Heute ist ein ganz besonderer Tag: Sensi lädt dich zu einem Ausflug ein. Gemeinsam erkundet ihr die Natur und seht viele wunderschöne Dinge.

Du machst dich bereit für den Ausflug und wählst warme Kleidung. Du schlüpfst mit deinen Beinen in eine lange Hose, ziehst dir eine warme Jacke und bequeme, warme Schuhe an und spürst sofort, wie dich deine Kleidung wärmt. Anschließend wickelst du einen kuscheligen Schal um deinen Hals und setzt deine Mütze auf.

In deiner bequemen Kleidung ist dein ganzer Körper angenehm warm und entspannt.

Um zum Ausflugsziel zu gelangen, hält dich Sensi an beiden Händen und ihr atmet gemeinsam dreimal tief ein und aus. Das ist eure Zauberformel, um an andere Orte zu gelangen. Am besten atmest du tief in den Bauch hinein, sodass er richtig groß wird.

Mach mit: Atme tief ein und wieder aus. Atme ganz tief ein und langsam wieder aus. Noch ein letztes Mal: Atme tief ein und langsam wieder aus.

Um euch herum wird es ganz hell und ihr hebt leicht vom Boden ab. Nach einer kurzen Zeit des Schwebens nimmt das helle Licht wieder ab und ihr steht mit beiden Beinen auf dem Boden.

Du befindest dich neben Sensi am Fuße eines riesigen Berges. Der Berg ragt hoch in den Himmel hinauf. Sensi zeigt auf eine Stelle, wo du eine Höhle entdecken kannst. Dort wollt ihr heute hinwandern. Ihr lauft über eine große Almwiese, auf der ein paar Kühe grasen und munter mit ihren Glocken bimmeln. Auf eurem Weg siehst du viele schöne Blumen und es duftet herrlich frisch. Der Weg zur Höhle wird immer steiler. Du läufst und kletterst hinter Sensi zur Höhle hinauf. Am Eingang der Höhle angekommen, machst du eine kurze Verschnaufpause.

Vom Hochklettern sind deine Beine und Arme angenehm schwer. Dein ganzer Körper ist angenehm schwer.

Nach ein paar Minuten geht es in die Höhle. Sensi gibt dir ein Zeichen und du schaltest deine Stirnlampe an, damit du in der Höhle etwas sehen kannst. Gemeinsam mit Sensi betrittst du die Höhle und leuchtest mit deiner Lampe hin und her.

Sensi nimmt dich an die Hand und du fühlst dich mit Sensi sicher und wohl.

Nun siehst du, wie unglaublich viele Tropfsteine von der Decke hängen und vom Boden heraufragen. Du bestaunst die vielen Tropfsteine, die hell und weiß leuchten, wenn du sie mit der Lampe anstrahlst. Manche Tropfsteine sehen aus wie Skulpturen. So, als hätte sie eine Künstlerin erschaffen. Weiter hinten kannst du einen Tropfstein-Zwerg mit einer riesigen Nase erkennen, der sehr lustig aussieht. Du blickst dich um und entdeckst noch weitere Fantasiewesen in den Tropfsteinen, die du Sensi voller Begeisterung zeigst.

Während ihr noch eine Weile durch die Höhle lauft, spürst du, wie deine Beine und Arme angenehm warm sind. Dein ganzer Körper ist angenehm warm.

Oben in der Höhle ist eine Stelle, wo Fledermäuse kopfüber von der Decke hängen. Sie wiegen sich im Schlaf leicht hin und her. Ihr legt euch auf den Rücken, um die Fledermäuse besser beobachten zu können.

Auf dem Rücken liegend genießt du den Anblick der sich wiegenden Fledermäuse und fühlst dich dabei ruhig und entspannt. Dein Körper ist angenehm schwer und warm.

Nach einer Weile sagt dir Sensi, dass es Zeit ist, wieder nach Hause zu gehen. Ihr erhebt euch langsam und lächelt euch zufrieden an. Du läufst gemeinsam mit Sensi zurück und kommst wieder an den vielen Tropfsteinen vorbei.

Am Höhlenausgang setzt du dich kurz hin. Du genießt den Ausblick von hier oben und blickst auf die sonnendurchflutete Landschaft. Die Pflanzen glänzen wunderschön in der Sonne und die Sonnenstrahlen wärmen dich.

Du genießt die Ruhe, die angenehme Schwere und Wärme in deinem Körper. Dein ganzer Körper ist entspannt.

Nun fasst dich Sensi wieder an den Händen und ihr atmet gemeinsam ein und aus.

Mach mit: Atme dreimal tief ein und langsam wieder aus.

Um euch herum wird es wieder hell und ihr beginnt zu schweben.

ZUM EINSCHLAFEN:

Nach einer kurzen Zeit des Schwebens nimmt das helle Licht wieder ab und du spürst, wie du entspannt in deinem Bett liegst. Du hast deinen Schlafanzug schon an. Sensi sitzt an deiner Bettkante und sagt dir „Gute Nacht".

Kuschel dich gemütlich in deine Decke hinein und sinke nun langsam in einen tiefen und erholsamen Schlaf.

ZURÜCK IN DEN TAG:

Nach einer kurzen Zeit des Schwebens nimmt das helle Licht wieder ab und du spürst, wie du entspannt auf deiner Unterlage liegst. Du verabschiedest dich von Sensi.

Bewege nun deine Finger und Zehen ein wenig. Recke und strecke deine Arme und Beine und bewege deinen Körper etwas. Nimm noch einen tiefen Atemzug. Wenn du bereit bist, öffne langsam deine Augen und komme zurück in den Tag. Du fühlst dich erfrischt und voller Energie.

- Wie war diese Entspannungsreise für dich?
- Was hast du beobachtet und wahrgenommen?
- Was ist in deinem Körper passiert?
- Wie fühlst du dich jetzt?

Meditative Rituale für die Sinne

Wir sind ständig umgeben von visuellen Eindrücken, Geräuschen und sonstigen Reizen. Hochsensible Personen empfinden diese oft als störend oder sind schnell reizüberflutet. So ähnlich ergeht es Manu beim Polizeieinsatz oder auf der Kirmes. Mit den folgenden meditativen Ritualen für die Sinne können wir unsere Wahrnehmung als positiv erleben, sie bewusst genießen und dabei entspannen.

Lauschen

In diesem Ritual geht es darum, zu hören, was gerade mit den Ohren wahrnehmbar ist, ohne diese Geräusche zu bewerten. Wir unterscheiden nicht zwischen schlechten Geräuschen und angenehmen Klängen, denn Geräusche sind einfach Eindrücke, die wir hören können. Es sind einzigartige Klangkompositionen. Auf diese Weise können wir jedes Geräusch nutzen, um tiefer in die Entspannung zu kommen, denn wenn wir das Geräusch wertfrei wahrnehmen, bringt es uns in den jetzigen Moment.

Dieses meditative Ritual kann überall gemacht werden, z.B. zu Hause, in der Schule oder in einem Park.

Ritual:

Setze oder lege dich bequem hin. Schließe deine Augen und geh mit deiner Aufmerksamkeit zu dir.

Nimm wahr, wie du dich fühlst. Vielleicht bist du müde oder gestresst oder unruhig. Vielleicht fühlst du dich auch einfach nur gut.

Nimm wahr, wie sich dein Körper anfühlt: deine Füße und Beine, dein Bauch und Rücken, deine Schultern und Arme und dein Kopf.

Du machst nun eine Pause von deinem Alltag. Lass deine Gedanken davonfliegen wie bunte Schmetterlinge.

Es gibt jetzt nichts mehr zu tun, als da zu sein und zu entspannen.

Nimm drei tiefe Atemzüge und atme dann entspannt weiter.

Achte nun darauf, was du hören kannst. Nimm die Geräusche wahr, ohne sie zu bewerten. Es gibt keine guten und schlechten Geräusche. Es sind einfach nur verschiedene Klänge um dich herum.

Welches Geräusch kannst du wahrnehmen? Lausche, wie es sich anhört.

Ist es ein Knacken, Zischen, Brummen oder sind es Stimmen?

Ist das Geräusch laut oder eher leise? Nah oder weit weg?

Kannst du auch Stille hören?

Lausche nun in deinen Körper. Nimm wahr, ob du auch hier Geräusche hörst.

Kannst du vielleicht deinen eigenen Atem hören? Deinen Herzschlag?

Atme nun noch dreimal tief ein und deutlich länger wieder aus.

Genieße das Gefühl der Entspannung im ganzen Körper.

Wir sind nun am Ende des Rituals angelangt.

Bewege deine Finger und Zehen ein wenig. Recke und strecke deine Arme und Beine und bewege deinen ganzen Körper etwas. Nimm noch einen tiefen Atemzug.

Wenn du so weit bist, öffne langsam deine Augen und komme zurück in den Tag. Du fühlst dich erfrischt und voller Energie.

- Wie war dieses Ritual für dich?
- Was hast du beobachtet und wahrgenommen?
- Was ist in deinem Körper passiert?
- Wie fühlst du dich jetzt?

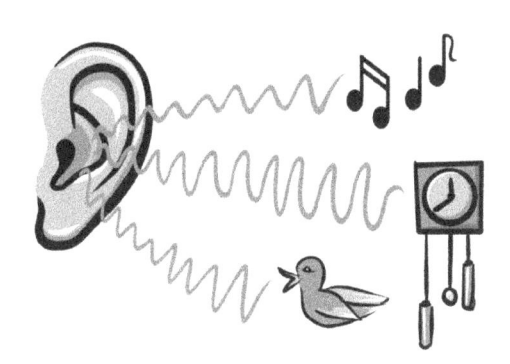

Tasten

Manu hat beim Sensori-Wettbewerb ganz viele unterschiedliche Gegenstände ertastet. In diesem haptischen Ritual können wir mit den Händen intensiv spüren, unterschiedliches Material erforschen und uns auf den Tastsinn fokussieren.

Unser Gedankenchaos darf sich beruhigen und wir sind achtsam im gegenwärtigen Moment.

Vorbereitung:

Für jedes Kind soll vorher eine Kugel aus Ton geformt werden, die gut mit beiden Kinderhänden umschlossen werden kann. Alternativ kann das Ritual auch mit Knete oder Plätzchenteig gemacht werden. Erfahrungsgemäß ist Ton von der Berührungserfahrung her jedoch noch besser geeignet.

Setzt euch in einen Kreis auf den Boden, auf ein bequemes Kissen oder auf eine Decke. Alternativ ist es möglich, am Tisch zu sitzen.

Stellt einen kleinen Teller zum Ablegen des Tons vor euch und haltet feuchte Handtücher zum Händeabwischen bereit.

Jedes Kind bekommt eine Kugel in die Hand. Anschließend geht es los mit dem Ritual.

Ritual:

Setze dich bequem hin. Halte die Kugel in deinen Händen und schließe deine Augen. Atme dreimal tief ein und lange wieder aus und atme dann entspannt weiter.

Diese Kugel ist aus Ton geformt. Das ist ein erdiges Material, welches in der Natur vorkommt.

Spüre das Gewicht der Erdkugel in deinen Händen.

Ist sie warm oder kühl?

LERNE NUN DIE ERDKUGEL ETWAS KENNEN.

Rolle sie langsam von der einen in die andere Hand.

Rolle die Kugel in den flachen Handflächen mit kreisförmigen Bewegungen hin und her.

Streiche sanft über ihre Oberfläche und spüre, wie sie sich anfühlt.

EXPERIMENTIERE NUN MIT DER ERDKUGEL.

Hierbei gibt es kein Richtig oder Falsch. Lasse dich einfach treiben. Halte die Augen geschlossen, um die Erfahrung noch intensiver wahrzunehmen.

Beginne nun damit, die Kugel zu verformen. Du kannst den Ton kneten oder wie ein Handtuch wringen. Zupfe einzelne Bereiche auseinander.

Reibe den Ton zwischen den Fingern. Spüre, wie sich die weiche Erdmasse anfühlt und deinen Bewegungen nachgibt. Spüre die Kraft deiner Hände.

Es ist nicht wichtig, eine bestimmte Form zu gestalten, sondern es geht darum, mit deinen Händen das Material zu erspüren.

[Hier viel Zeit lassen: Kinder lieben dieses freie Kneten und Spüren!]

DRÜCKE DEN TON NUN WIEDER ZU EINEM KLUMPEN ZUSAMMEN.

Halte ihn anschließend noch eine Weile in deinen Händen.

Atme noch dreimal tief ein und lange wieder aus.

Genieße das Gefühl der Entspannung im ganzen Körper.

WIR SIND NUN AM ENDE DES RITUALS ANGELANGT.

Nimm noch einen tiefen Atemzug. Öffne langsam deine Augen und überprüfe, wie deine Erdkugel inzwischen aussieht.

Im Anschluss lege den Ton auf den Teller und säubere deine Hände mit dem feuchten Tuch.

- Wie war dieses Ritual für dich?
- Was hast du beobachtet und wahrgenommen?
- Was ist in deinem Körper passiert?
- Wie fühlst du dich jetzt?

Anschließende Gestaltungsideen:

Mit dem Ton kannst du im Anschluss einen Sensi gestalten. Lasse deinen Ton-Sensi an einem sicheren Ort trocknen, z.B. auf der Fensterbank. Die Figur ist nach einiger Zeit der Lufttrocknung zwar härter, sollte aber dennoch vorsichtig behandelt werden, da sie zerbrechen kann.

Der Ton kann auch aufbewahrt werden. Er hält sich gut, wenn man ihn in einer luftdichten Dose verpackt. Falls der Ton zu trocken wird, kann man ihn mit Wasser etwas beträufeln, die Feuchtigkeit einwirken lassen und dann wieder durchkneten.

Wenn du statt Ton Plätzchenteig verwendet hast, kannst du viele Teig-Sensis formen und backen. Guten Appetit!

Schokoladengenuss

Manu hat mit Maike und Irena den Nachtisch ganz genussvoll gegessen und durch dieses achtsame Geschmackserlebnis entspannt.

Das folgende meditative Ritual fördert den ganzheitlichen Genuss, denn es spricht mehrere unserer Sinne an: Tasten, Riechen, Sehen und Schmecken.

Bitte vorher Unverträglichkeiten (z.B. Milcheiweiß, Nüsse, etc.) und Essgewohnheiten abklären und ggf. vegane Schokolade wählen.

Vorbereitung:

Ihr braucht für jede Person ein Stück Schokolade oder einen kleinen Schokoriegel. Natürlich kann dieses Ritual auch mit anderen Nahrungsmitteln wie z.B. Obst (Rosine, Erdbeere, Blaubeere u. dgl.), Gemüse oder auch Brot durchgeführt werden.

Stellt ein kleines Tellerchen oder Papier mit dem ausgewählten Probierstück (in unserem Fall: Schokolade) für jedes Kind bereit.

Ritual:

TASTEN MIT DER HAND

Nimm nun das Stück (Schokolade) zwischen deine Finger. Schließe deine Augen. Beginne ganz aufmerksam und vorsichtig, das Stück (Schokolade) zu ertasten.

Wie fühlen sich die Form und die Oberfläche an?

RIECHEN

Halte das Stück (Schokolade) unter deine Nase und sauge den Duft (der Schokolade) in deine Nase. Wie riecht es? Erinnert dich der Geruch an etwas?

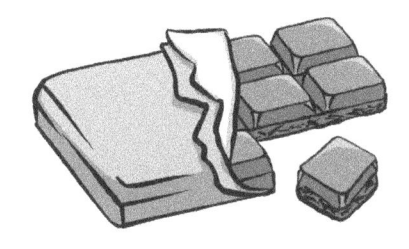

SEHEN

Öffne deine Augen wieder und schaue dir das Stück (Schokolade) ganz genau an. Wie ist die Farbe? Wie ist die Form?

TASTEN MIT DEM MUND

Schließe wieder deine Augen. Ertaste das Stück (Schokolade) nun mit deinen Lippen. Beobachte, was du fühlst, und was im Mund passiert.

Lege nun das Stück (Schokolade) auf deine Zunge. Lass es einfach dort liegen und fühle, wie es sich in deinem Mund anfühlt. Ertaste das Stück mit deiner Zunge. Schiebe es im Mund hin und her.

SCHMECKEN

Was schmeckst du? Genieße den Geschmack in diesem Augenblick.

Zerkaue das Stück (Schokolade) nun ganz langsam.

Wenn das Stück (Schokolade) in deinem Mund komplett weich ist, schlucke es ganz langsam und bewusst herunter. Spüre, wie es eine kleine (Schokoladen-)Spur in deinem Mund hinterlässt. Schmeckt es nun anders?

Beobachte, wie die Zunge den Mund nach dem Schlucken reinigt. Wie verändert sich dabei der Geschmack im Mund?

Spüre dem Stück (Schokolade) noch eine kurze Zeit lang nach.

Atme nun noch dreimal tief ein und lange wieder aus.

Wir kommen nun zum Ende des meditativen Schokoladen-Rituals. Nimm noch einen tiefen Atemzug. Wenn du so weit bist, öffne langsam deine Augen und komme zurück in den Tag.

- Wie war dieses Ritual für dich?
- Was hast du beobachtet und wahrgenommen?
- Was ist in deinem Körper passiert?
- Wie fühlst du dich jetzt?

Waldbaden

Sensi und Manu haben nach ihrer Suche die angenehme Waldluft genossen und konnten sich im Wald ganz besonders gut entspannen. Wälder haben einfach eine besondere Wirkung auf uns Menschen, deshalb nutzen wir sie gerne zur Regeneration.

Waldbaden ist ein Gesundheitstrend aus Japan und bedeutet das bewusste „Eintauchen" in die waldige Atmosphäre und das Erleben des Waldes mit allen Sinnen. Der bewusste Aufenthalt im Wald hat eine positive Wirkung auf unsere Gesundheit, denn die Bäume senden besondere Stoffe (Terpene) aus, die wir durch die Haut und die Atmung aufnehmen. Sie steigern unser körperliches und psychisches Wohlbefinden (Stärkung des Immunsystems, Befeuchtung der Atemwege, Entspannung, Stressreduktion, etc.) (Rauch, 2021).

Unterschiedliche Jahres- und Tageszeiten oder auch Wetterbedingungen bringen eine ganz andere Waldbaden-Erfahrung mit sich. Wenn es regnet, können wir gut erforschen, wie sich der Regen auf verschiedenen Oberflächen anhört. Im Frühling sind andere Pflanzen und Tiere wahrzunehmen als im Winter. Somit ist jede Waldbaden-Erfahrung einzigartig.

Wir können uns nacheinander auf einen Sinn konzentrieren oder aber einen kleinen Bereich des Waldes mit allen Sinnen erforschen. Um intensiver wahrzunehmen, können die Augen zwischendurch geschlossen werden.

Ritual:

Finde eine angenehme Position im Stehen. Deine Beine stehen hüftbreit auseinander. Deine Knie sind leicht gebeugt.

Nimm drei tiefe Atemzüge und atme dann entspannt weiter.

Konzentriere dich nun auf deine Wahrnehmung, zum Beispiel … (das Sehen, …)

Anregungen zum Waldbaden:

SEHEN

Was siehst du? Schaue dich ganz in Ruhe um.

Betrachte die Dinge im Wald abwechselnd im Detail und mit weitem Blick.

Welche Oberflächen, Farben, Formen und Schatten kannst du sehen?

Welche Bewegungen kannst du wahrnehmen (z.b. Wasserfließen, Kreise auf einer Pfütze, sich im Wind wiegendes Gras oder Äste, Wolkenziehen, Vogelfliegen, Ameisenkrabbeln, ...)?

Kneife auch die Augen etwas zusammen, sodass du unscharf siehst, und betrachte deine Umgebung auf diese Weise.

Nimm verschiedene Blickwinkel ein: Lege dich auf den Boden und blicke in den Himmel oder schaue von unten an einem großen Baum hoch. Stelle dich auf einen großen Stein oder auf eine Bank und blicke von oben hinab.

HÖREN

Welche Geräusche kannst du im Wald hören (z.B. Tierstimmen, Knacken von Bäumen, Wind, Schritte, Wasserrauschen, Regentropfen, ...)?

RIECHEN

Atme die Waldluft tief in deine Nase ein.

Schnuppere auch an unterschiedlichen Dingen im Wald (z.B. Erde, Blätter und Blüten, feuchtes Gras oder Laub, ...).

SCHMECKEN

Viele Pflanzen unserer Umgebung sind essbar und können probiert werden, zum Beispiel Gänseblümchen, Löwenzahn oder Gras.

Hinweis: Hier bitte logischerweise die Kinder nicht einfach irgendetwas essen lassen, damit es nicht zum Verzehr von giftigen Pflanzen oder Pilzen kommt. Fragt stattdessen gezielt: „Wer möchte ein Gänseblümchen probieren?"

Außerdem sollten Stellen ausgesucht werden, die kein Hundeklo sind.

TASTEN

Berühre die Natur und ihre unterschiedlichen Oberflächen und Materialien (z.B. Baumrinde von verschiedenen Bäumen, Äste, Blätter, Steine, Hölzer, Erde, Knospen und Samen, ...) und nimm auch die unterschiedlichen Temperaturen wahr (z.b. sonnengewärmter Stein, schattige Wiese, ...).

Tasten kannst du mit den Händen, den Füßen, den Innenflächen der Unterarme, der Wange oder auch mit den Lippen, die sehr tastempfindlich sind.

Lehne deinen Körper gegen einen Baum und spüre, wie er dich hält. Lege dich auf den Boden und fühle, wie dein Gewicht von ihm getragen wird.

Stelle dich nach dem Waldbaden noch einmal entspannt hin. Schließe deine Augen.

Atme dreimal tief ein und lange wieder aus.

Spüre in deinen Körper: in deine Füße und Beine, in deinen Bauch und Rücken, in deine Schultern und Arme und in deinen Nacken und Kopf.

Genieße das Gefühl der Entspannung im ganzen Körper.

Wir sind nun am Ende des Rituals angelangt. Nimm noch einen tiefen Atemzug. Wenn du so weit bist, öffne langsam deine Augen und komme zurück in den Tag. Du fühlst dich erfrischt und voller Energie.

- Wie war dieses Ritual für dich?
- Was hast du beobachtet und wahrgenommen?
- Was ist in deinem Körper passiert?
- Wie fühlst du dich jetzt?

Rituale in Bewegung

Bewegungen müssen nicht immer sportlich sein, sondern können auch meditativ genutzt werden wie in den folgenden Ritualen.

Achtsamkeit im Alltag

Es gibt spezielle, meditative Achtsamkeitsübungen, aber auch alltägliche Handlungen können bewusst und achtsam durchgeführt werden.

Ritual:

Nimm dir 10 Minuten Zeit und starte alltägliche Aktivitäten (z.B. Treppen steigen, Tisch decken, Anziehen, Zähneputzen, …) nicht automatisch, sondern ganz bewusst und achtsam, vielleicht sogar etwas langsamer als gewohnt oder sogar in Zeitlupe.

- Wie war dieses Ritual für dich?
- Was hast du beobachtet und wahrgenommen?
- Was ist in deinem Körper passiert?
- Wie fühlst du dich jetzt?

Gehen

Beim Gehen machen wir die Schritte oft automatisch und hetzen, ohne es zu merken.

Das folgende Ritual soll dabei helfen, bewusst und achtsam zu gehen. Wir spüren bewusst, wie sich unser Körper anfühlt, wenn wir unterschiedlich schnell gehen. So schulen wir Körperempfinden und Achtsamkeit bei uns und den Kindern.

Ritual:

Finde eine angenehme Position im Stehen. Deine Beine stehen hüftbreit auseinander. Deine Knie sind leicht gebeugt.

Atme dreimal tief ein und lang wieder aus und atme dann entspannt weiter.

Nimm den Boden unter deinen Füßen wahr und spüre bewusst, wie sich deine Beine und Füße anfühlen. Beginne nun, in deinem eigenen Tempo durch den Raum zu gehen.

Bewege dich ganz langsam durch den Raum. Bewege achtsam deine Beine und setze deine Füße ganz bewusst auf den Boden. Beobachte, wie sich das in deinem Körper anfühlt.

Gehe ganz schnell durch den Raum. Stell dir vor, du kommst 30 Minuten zu spät. Beobachte, wie sich das in deinem Körper anfühlt.

Bewege dich nun wieder in deinem eigenen Tempo durch den Raum.

Gehe jetzt vorsichtig mit geschlossenen Augen. Halte deine Hände ausgestreckt vor deinen Körper.

Komme schließlich zum Stehen. Lasse deine Augen noch geschlossen.

Atme dreimal tief ein und lange wieder aus.

Spüre in deinen Körper: in deine Füße und Beine, in deinen Bauch und Rücken, in deine Schultern und Arme und in deinen Nacken und Kopf.

Genieße das Gefühl der Entspannung im ganzen Körper.

Wir sind nun am Ende des Rituals angelangt. Nimm noch einen tiefen Atemzug. Wenn du so weit bist, öffne langsam deine Augen und komme zurück in den Tag. Du fühlst dich erfrischt und voller Energie.

- Wie war dieses Ritual für dich?
- Was hast du beobachtet und wahrgenommen?
- Was ist in deinem Körper passiert?
- Wie fühlst du dich jetzt?

Schütteln

Durch das Schütteln werden die Muskeln bewegt und gelockert und anschließend durch das Stehen entspannt. Außerdem macht es Spaß, mal ganz verrückt zu zappeln. Das Schütteln-Ritual kann durch rhythmische Musik (zum Beispiel Trommelmusik) begleitet werden.

Ritual:

Finde eine angenehme Position im Stehen. Deine Beine stehen hüftbreit auseinander. Deine Knie sind leicht gebeugt.

Nimm drei tiefe Atemzüge und atme dann entspannt weiter.

Fange an, dich zu schütteln. Stell dir vor, es geht ein Erdbeben durch deinen ganzen Körper oder du schüttelst dich wie ein nasser Hund. Beginne mit den Händen und Armen, dann folgen die Beine, anschließend der ganze Körper und auch der Kopf. Lass deinen Kiefer locker hängen.

Schüttle ganz locker deinen ganzen Körper durch. Mal langsam und gemächlich, mal schneller und wilder.

Denke nicht darüber nach, wie du das genau machen sollst, lass es einfach geschehen. Hier gibt es kein Richtig oder Falsch.

[Hier genügend Zeit lassen, zum Beispiel, bis die Musik zu Ende ist.]

Bleibe ganz ruhig stehen und schließe die Augen. Lass deine Arme locker hängen. Spüre, wie du dich nun fühlst, und nimm wahr, wie sich dein Körper anfühlt.

Spüre in deine Füße und Beine, in deinen Bauch und Rücken, in deine Schultern und Arme und in deinen Nacken und Kopf.

Genieße das Gefühl der Entspannung im ganzen Körper.

Wir sind nun am Ende des Rituals angelangt.

Nimm noch einen tiefen Atemzug. Wenn du so weit bist, öffne langsam deine Augen und komme zurück in den Tag. Du fühlst dich erfrischt und voller Energie.

- Wie war dieses Ritual für dich?
- Was hast du beobachtet und wahrgenommen?
- Was ist in deinem Körper passiert?
- Wie fühlst du dich jetzt?

Lachen

Lachen ist gesund und entspannt. Unser Körper merkt dabei nicht, ob es ein ehrliches Lachen ist oder wir das Lachen nur spielen. Deshalb wirkt dieses Ritual genauso wie echtes, herzhaftes Lachen und kann jederzeit ohne Hilfsmittel durchgeführt werden. Wir können einfach ohne Grund lachen und müssen nicht auf den nächsten Witz oder eine ulkige Situation warten.

Ritual:

Finde eine angenehme Position im Stehen. Deine Beine stehen hüftbreit auseinander. Deine Knie sind leicht gebeugt.

Lege beide Hände auf deinen Unterbauch und nimm drei tiefe Atemzüge. Spüre, wie sich dein Bauch dabei ausdehnt und senkt. Lasse anschließend deinen Atem ganz natürlich fließen.

Übe zunächst die Lachatmung: Atme ein und sage beim Ausatmen „Haha-ha". Dabei zieht sich dein Bauch stoßweise zusammen und deine Mundwinkel formen ein Lächeln.

Spüre, wie du das „Ha-ha-ha" ganz tief aus dem Bauch ausstößt.

Wiederhole diese Lachatmung ein paar mal.

Du mixt nun einen Lach-Cocktail mit den verrücktesten Zutaten.

Halte ein imaginäres Glas in der Hand.

[Frage an die Kinder:] Was können wir mit **A** in den Cocktail mixen?

[Ananas, Apfel, Auto, Albernheit, ... was auch immer, die Zutaten dürfen verrückt sein ...]

Dann schütte die Zutat in das Glas *[mit einer passenden Handbewegung]* und lache dabei mehrfach mit **Ha**.

[Frage an die Kinder:] Was können wir mit **E** in den Cocktail mixen?

[Erdbeeren, Eis, Entspannung, ... was auch immer ...]

Dann schütte die Zutat in das Glas *[mit einer passenden Handbewegung]* und lache dabei mehrfach mit **He**.

*[Fahre genauso fort mit den übrigen Vokalen **I**, **O**, **U** und der dazugehörigen Lachatmung mit **Hi**, **Ho**, **Hu**. Ingwer, Igel, Ideen, ... Orange, Osterhasen, Oase, ... Ulknudeln, Ukulele, Ufo, ...]*

Nun ist dein Cocktail fertig. Rühre ihn nochmal um und trinke ihn. Führe dein imaginäres Glas zum Mund *[und mache „gluck-gluck-gluck"]* und reibe dir dann lachend deinen Bauch.

Atme einmal tief ein und aus und schüttle kurz deinen ganzen Körper ein wenig aus.

- Wie war dieses Ritual für dich?
- Was hast du beobachtet und wahrgenommen?
- Was ist in deinem Körper passiert?
- Wie fühlst du dich jetzt?

Kreative Rituale

Manu liebt es, beim Comiczeichnen zu entspannen und sich kreativ auszudrücken. Bei den folgenden Ritualen steht das kreative, meditative Handeln im Vordergrund und nicht das fertige Ergebnis.

Zufalls-Mandala

Mandalas bringen durch ihre harmonische und geordnete Form Ruhe ins Gedankenchaos und haben durch die Farben, Formen und die gleichbleibende Tätigkeit des Ausmalens eine entspannende Wirkung.

Vorlage:

Zufalls-Mandala 1+2 (S. 147 + S. 149)

Das Zufalls-Mandala-Ritual hilft dabei, ein eigenes Mandala zu entwerfen. Du kannst die Würfel-Methode aber auch nur als Einstiegshilfe nutzen und selbst entscheiden, welche Mandala-Elemente du wählen möchtest – oder deiner eigenen Kreativität völlig freien Lauf lassen. Auf den Vorlagen ist auch Platz für eigene Mandala-Elemente.

Vorbereitung:

Zum Malen brauchst du Papier (A4 oder größer), einen Bleistift, farbige Buntstifte, einen schwarzen Fineliner, einen Anspitzer, einen Radiergummi und einen Würfel.

Schneide die Vorlagen *Zufalls-Mandala 1+2* aus dem Buch heraus und nimm das weiße Papier. Schneide von dem Papier etwas ab (bitte mit dem Lineal messen), so dass ein Quadrat entsteht. Zeichne eine dünne Bleistiftlinie diagonal von einer Ecke zu der gegenüberliegenden Ecke. Verbinde auch die übriggebliebenen zwei Ecken mit einer Bleistiftlinie. So erhältst du die Mitte des Blattes. Nun zeichne noch zwei Linien durch den Mittelpunkt wie bei einem Kreuz. Jetzt hast du 8 gleiche „Kuchenstücke" um deinen Mittelpunkt. Falls nötig, können dir Erwachsene dabei helfen.

Ritual:

Setze dich bequem an deinen Tisch. Nimm drei tiefe Atemzüge und atme dann entspannt weiter.

MANDALA-ENTWURF

Der Zufall entscheidet, welche Mandala-Elemente gezeichnet werden. Du würfelst und schaust dann auf die Vorlage Zufalls-Mandala 1 und wählst eines der beiden Elemente für die Mitte. Zeichne nun diese Form mit Bleistift in die Mitte deines Blattes.

Nutze erneut den Würfel, um das nächste Gestaltungselement mit der Vorlage Zufalls-Mandala 2 zu finden. Suche dir aus der gewürfelten Reihe ein passendes Motiv aus. Zeichne dieses nun jeweils in die verschiedenen „Kuchenstücke" um die Mitte herum, sodass ein Ring aus diesen Elementen entsteht.

Würfle nochmals und bestimme damit das nächste Mandala-Element (Vorlage Zufalls-Mandala 2). Falls du eine Zahl doppelt würfelst, nimmst du ein anderes Mandala-Element aus der Reihe.

Wiederhole diesen Vorgang, bis dein Mandala groß genug ist.

Anschließend kannst du die Linien deines Mandalas mit einem schwarzen Fineliner nachziehen und die Bleistiftstriche vorsichtig wegradieren.

AUSMALEN

Male nun die entstandenen Flächen deines Mandalas mit den Buntstiften von außen nach innen oder von innen nach außen aus. Folge deinem ersten Impuls, denn hier gibt es kein Richtig oder Falsch. Genauso ist es bei der Farbauswahl. Du kannst einige wenige Farben wählen, die zueinander passen oder genau gegensätzlich sind, oder du verwendest viele verschiedene Farben.

Entscheide dich spontan für eine bestimmte Farbe, mit der du das erste Muster beginnst, und lasse auch die nächsten Entscheidungen intuitiv folgen. Wähle stets von einem Moment zum nächsten. Atme während des Malens ruhig und genieße die gleichbleibende Ausmalbewegung deiner Hand.

Wenn du mit dem Ausmalen fertig bist, betrachte dein Mandala noch einen Moment, ohne es zu bewerten. Nimm nochmal ganz aufmerksam die

Formen und Farben wahr und spüre, wie du dich gerade fühlst und wie sich dein Körper anfühlt.

Dann nimm einen abschließenden tiefen Atemzug und lege das Mandala in eine Mappe oder hänge es auf.

- Wie war dieses Ritual für dich?
- Was hast du beobachtet und wahrgenommen?
- Was ist in deinem Körper passiert?
- Wie fühlst du dich jetzt?

Mandala in der Natur

Statt, wie zuvor beschrieben, ein Mandala auf Papier zu malen, kann es auch mit Naturmaterialien im Wald oder Park gelegt werden. So kommt der ganze Körper durch die Bewegung zum Einsatz und der Aufenthalt in der Natur entspannt zusätzlich (siehe *Waldbaden*, S. 95).

Vorbereitung:

Gehe in die Natur, in einen Wald oder Park mit Bäumen und Büschen. Sammle auf dem Weg und vor Ort unterschiedliche Objekte aus der Natur für dein Mandala. Das können Steine, Blätter, Kastanien, Tannenzapfen, Eicheln, Stöcke, leere Schneckenhäuser und vieles mehr sein. Wenn du magst, kannst du auch ein paar Objekte mitbringen, z.B. Muscheln. Bitte verwende nur gefundene Dinge und reiße oder knicke nichts von den Bäumen oder Büschen ab.

> Wenn du dieses Ritual mit anderen gemeinsam machst, dann versucht vielleicht, das Mandala zu legen, ohne dabei miteinander zu sprechen.

Suche eine geeignete, flache Stelle, wo du das Mandala legen kannst.

Ritual:

Finde eine angenehme Position im Stehen. Deine Beine stehen hüftbreit auseinander. Deine Knie sind leicht gebeugt.

Nimm drei tiefe Atemzüge und atme dann entspannt weiter.

Lege nun allein oder gemeinsam mit anderen ein Mandala aus den Materialien der Natur. Das Mandala kann klein sein (ca. 50 cm Durchmesser) oder aber riesengroß werden mit einigen Metern Durchmesser. Dies ist abhängig von Platz, Zeitrahmen und Anzahl der Materialien.

Platziere ein Objekt in der Mitte, das kann zum Beispiel ein Stein, Tannenzapfen, eine Blüte oder was auch immer sein. Du kannst auch eine bestimmte Stelle auswählen, an der schon etwas liegt oder wächst, die dann dein Mittelpunkt sein soll.

Lege nun weitere Dinge um das Zentrum herum. Das kann kreisförmig, spiralförmig oder in Strahlen sein. Achte darauf, dass es kein wilder Haufen mit Naturmaterialien ist, sondern dass alles eine gewisse Ordnung hat. So kannst du zum Beispiel gleiche, sich wiederholende Muster legen und/oder gleiche Gegenstände ähnlich hinlegen.

Linien und Formen können auch mit einem Stock in den Boden geritzt werden, wenn der Untergrund es zulässt, oder du streust Muster mit Sand oder Erde.

Wenn alle Objekte liegen oder das Mandala in deinen Augen fertig ist, verweile noch einen Moment dort. Nimm ganz aufmerksam die Formen, Materialeigenschaften und Farben wahr. Spüre, wie du dich gerade fühlst, und nimm wahr, wie sich dein Körper anfühlt.

Dann atme noch einmal tief ein und wieder aus und verlasse dein Mandala.

Wenn du magst und es dir möglich ist, kannst du regelmäßig zu deinem Mandala zurückkommen und schauen, wie es sich im Lauf der Zeit verändert.

- Wie war dieses Ritual für dich?
- Was hast du beobachtet und wahrgenommen?
- Was ist in deinem Körper passiert?
- Wie fühlst du dich jetzt?

Entspannende Kurz-Rituale

Die folgenden Rituale können zum Beispiel in oder nach der Schule oder als Soforthilfe bei Erschöpfung und Überforderung durchgeführt werden. Dafür sollten sie zunächst mehrfach eingeübt werden.

Zahlen-Atmung

Unsere Atmung ist in stressigen Situationen oft schneller und flacher. Deshalb ist es wichtig, tief in den Bauch einzuatmen und noch länger auszuatmen. Das versorgt den Körper mit viel Sauerstoff und entspannt. So konnte Sensi auf der Kirmes auch Manu helfen, sich wieder zu entspannen.

In geräuschvollen Umgebungen ist es für hochsensible Kinder hilfreich, die Hände auf die Ohren zu legen.

Ritual:

Schließe deine Augen und gehe mit deiner Aufmerksamkeit zu dir.

Konzentriere dich nur auf deine Atmung.

Atme tief ein und langsam wieder aus. Zähle bei den nächsten 5 Atemzügen wie folgt:

BEIM EINATMEN 1-2-3

UND BEIM AUSATMEN 4-5-6-7-8.

Wie weit du zählst, ist dabei unwichtig. Achte nur darauf, dass du bei der Ausatmung etwas weiter zählst als bei der Einatmung.

Stelle dir vor, dass du beim Einatmen wohltuende, neue Energie aufnimmst und beim Ausatmen all deine Anspannungen aus dir herausfließen.

Komme mit jedem Atemzug im Hier und Jetzt an und sinke immer tiefer in die Entspannung.

Nimm noch einen tiefen Atemzug. Wenn du so weit bist, öffne langsam deine Augen und komme zurück in den Tag. Du fühlst dich erfrischt und voller Energie.

- Wie war dieses Ritual für dich?
- Was hast du beobachtet und wahrgenommen?
- Was ist in deinem Körper passiert?
- Wie fühlst du dich jetzt?

Stopp-Wort

Vorbereitung:

Überlegt euch gemeinsam ein Stopp-Wort. Es sollte ein Wort sein, das im normalen Alltag oder im Gespräch nicht oft benutzt wird. Es darf auch ein Fantasiewort sein. Wichtig ist, dass es alle Beteiligten kennen und wissen, was dann zu tun ist.

Dieses Ritual kann überall und im Alltag gemacht werden. Jede*r darf das Stopp-Wort einfach so zwischendurch in den Raum rufen. Natürlich sollte man eine Höchstzahl (zum Beispiel 5 Mal am Tag) vereinbaren oder festlegen, dass in bestimmten Situationen nicht gerufen werden darf (z.B. bei einer Gruppenbesprechung oder dgl.).

Ritual:

Wenn das Stopp-Wort gerufen wird, halte in deiner Tätigkeit inne. Dabei musst du nicht unbequem einfrieren, sondern kannst einfach ganz normal stehen oder sitzen bleiben.

Atme nun 5 Mal tief ein und aus und beobachte, wie sich dein Körper anfühlt. Du kannst die Augen schließen während dieser kurzen Zeit.

Zuvor sollte mit Kindern das bewusste Atmen (z.B. mit der *Zahlen-Atmung*, S. 110) geübt werden.

Nach den bewussten Atemzügen öffnest du die Augen wieder und fährst einfach mit der vorherigen Tätigkeit fort.

- Wie war dieses Ritual für dich?
- Was hast du beobachtet und wahrgenommen?
- Was ist in deinem Körper passiert?
- Wie fühlst du dich jetzt?

Power-PMR

Wenn wir gestresst sind, spannen wir oft unbewusst unsere Muskeln an, vor allem die Schultern und den Kiefer. Das hat schon der Begründer der Progressiven Muskelentspannung (auch Progressive Muskelrelaxation, abgekürzt „PMR") Edmund Jacobsen herausgefunden und daraufhin seine Entspannungstechnik entwickelt. Bei der PMR wird der Körper bewusst angespannt und wieder lockergelassen. Diese Anspannung des Körpers, verbunden mit der anschließenden längeren Entspannung, dient dem Spannungsabbau auf körperlicher Ebene. Gleichzeitig können aber auch Emotionen abfließen (Sammer, 2006).

Die folgende Ganzkörperanspannung hat auch Manu in seinem Kinderzimmer nach dem missglückten Mittagessen gemacht.

Ritual:

Finde eine Position im Stehen. Spanne deinen Körper von Kopf bis Fuß an: Zehen einziehen, Beine anspannen, Pobacken zusammenkneifen, Bauch einziehen, Hände zu Fäusten ballen, Arme anwinkeln und mit dem Gesicht ein Zitronengesicht machen.

Halte diese Anspannung und zähle dabei innerlich bis 5, dann lasse die Anspannung wieder los. Zähle dabei innerlich bis 10. Wiederhole dies noch zweimal.

Schließe anschließend deine Augen, bleibe entspannt stehen und spüre in deinen Körper. Nimm wahr, wie sich dein Körper anfühlt: deine Beine, dein Gesäß. dein Bauch und Rücken, deine Arme und dein Kopf.

Nimm noch einen tiefen Atemzug. Wenn du so weit bist, öffne langsam deine Augen und komme zurück in den Tag. Du fühlst dich erfrischt und voller Energie.

- Wie war dieses Ritual für dich?
- Was hast du beobachtet und wahrgenommen?
- Was ist in deinem Körper passiert?
- Wie fühlst du dich jetzt?

Gedankenkreisel-Stopp

Gerade hochsensible Menschen verarbeiten das Erlebte intensiver und leiden oft unter kreisenden Gedanken. Sie gehen bestimmte Erlebnisse immer wieder durch, sorgen sich um zukünftige Ereignisse und stellen sich „Warum?"-Fragen oder „Was wäre wenn?"-Fragen.

Diese Gedankenkreisel und Fragen halten uns jedoch in der Vergangenheit oder in der Zukunft gefangen. Das Grübeln bringt keine neuen Lösungen für die Gegenwart und macht uns handlungsunfähig. Oft hindern uns Gedankenkreisel am Einschlafen und rauben uns so kostbare Erholungsenergie (Kloihofer, 2023).

Ritual:

Wenn du bemerkst, dass deine Gedanken gerade wieder kreisen oder du dich mit „Warum?" und „Was wäre, wenn?"-Fragen quälst, sage STOPP und frage dich lieber:

- Was brauche ich gerade?
- Was tut mir jetzt gut?
- Was kann ich aus der momentanen Situation lernen?
- Was kann ich zukünftig anders machen?
- Was brauche ich, um es beim nächsten Mal anders zu machen?
- Wofür kann ich dankbar sein?

- Wie war dieses Ritual für dich?
- Was hast du beobachtet und wahrgenommen?
- Was ist in deinem Körper passiert?
- Wie fühlst du dich jetzt?

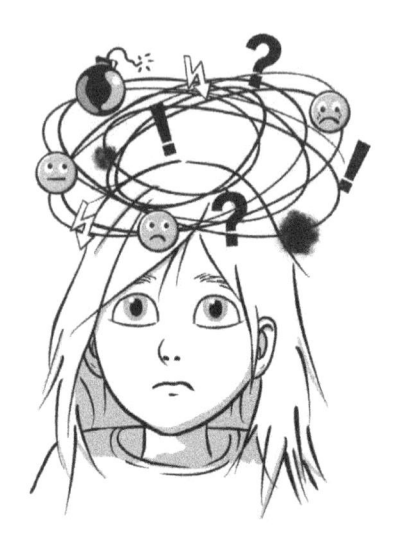

ABC-Fokus

Bei diesem Ritual lenken wir unsere Gedanken auf etwas Neutrales, das beruhigend wirkt. Gerade bei vielen negativen Gedanken oder endlosen Gedankenschleifen (zum Beispiel vor dem Einschlafen) ist der ABC-Fokus hilfreich.

Ritual:

Setze oder lege dich bequem hin. Schließe deine Augen und gehe mit deiner Aufmerksamkeit zu dir. Nimm drei tiefe Atemzüge und atme dann entspannt weiter.

Sage in Gedanken das Alphabet auf. Finde für jeden Buchstaben ein Wort.

[Kleine Kinder könnten Tiere, Lebensmittel oder Gegenstände nehmen. Für ältere Kinder darf es auch etwas schwieriger sein, z.B. Automarken, Kleidungsstücke, Möbel, Pflanzen, Städte, etc. Beispiel: A – Affe, B – Bär, … oder A – Apfelbaum, B – Birke, …]

Wenn du bei Z angekommen bist, atme noch dreimal tief ein und lange wieder aus. Wenn du so weit bist, öffne langsam deine Augen und komme zurück in den Tag.

- Wie war dieses Ritual für dich?
- Was hast du beobachtet und wahrgenommen?
- Was ist in deinem Körper passiert?
- Wie fühlst du dich jetzt?

Rituale zur Stressbewältigung

Die Rituale dieses Kapitels helfen hochsensiblen Kindern, ihre Bedürfnisse zu erkennen, sie aktiv zu äußern und ihr Energielevel richtig einzuschätzen. Selbstregulation und Stressbewältigung sind besonders für HSP wichtig, da sie schnell an ihre Belastungsgrenzen stoßen.

Die folgenden Techniken geben Hochsensiblen daher geeignete Methoden an die Hand, die es ihnen erleichtern, herausfordernde Situationen zu meistern und ihr Stresslevel präventiv zu reduzieren.

Wohlfühl-Check

Der Wohlfühl-Check ist eine erste Bestandsaufnahme und liefert Klarheit über die aktuelle Befindlichkeit des Kindes.

Vorlage:

Wohlfühl-Check (S. 151)

Vorbereitung:

Schneide die Vorlage aus dem Buch aus und nimm dir einen Stift.

Ritual:

Überlege allein oder gemeinsam mit einer vertrauten Person, wie es dir gerade in den verschiedenen Lebensbereichen geht.

Wie zufrieden bist du? Kreuze in der Tabelle (siehe Vorlage) den passenden Smiley an.

Wenn du einen Smiley im grauen Bereich der Tabelle angekreuzt hast, stelle dir folgende Fragen:

- Was könnte ich tun, damit es mir in diesem Bereich besser geht?
- Wer könnte mich dabei unterstützen?

Probiere die Rituale in diesem Buch doch einfach mal aus.

Mach den Wohlfühl-Check nach einiger Zeit erneut, um zu schauen, ob sich etwas verändert hat. Nutze dafür einen andersfarbigen Stift.

Beobachte:

- Wo setzt du nun deine Kreuze?
- Hat sich etwas verbessert?
- Wenn ja, wie?
- Wenn du noch Smileys im grauen Bereich angekreuzt hast, stelle dir erneut die oben genannten Fragen.

Bedürfnisse klären

Vorlage:

Bedürfnisse klären (S. 153)

Oft spüren (hochsensible) Kinder, dass es ihnen nicht gut geht. Sie wissen aber nicht genau, woran das liegt, und können erst recht nicht sagen, welche Bedürfnisse dahinterstecken. Gerade für Hochsensible ist es wichtig, zu lernen, ihre Hochsensibilität offen zu kommunizieren und ihre Bedürfnisse klar und deutlich zu äußern. Hochsensible Kinder haben oft ein größeres Ruhebedürfnis als andere. Außenstehende können diesen Umstand ohne vorherige Aufklärung häufig nicht nachvollziehen.

Nicht selten reagieren Erwachsene auf starke Gefühlsregungen oder „unerwünschtes" Verhalten von Kindern mit

- Abwertung („Stell dich nicht so an.")
- Kritik („Hör auf zu weinen.")
- Unterstellen einer bösen Absicht („Du machst das nur, um mich zu ärgern.") oder
- Übertreibung („*Immer* flippst du aus.")

ABER: gestresste Kinder können in solchen Momenten nicht anders handeln. Sie wollen die überfordernde Situation lediglich irgendwie bewältigen und ihre Bedürfnisse befriedigen. Kinder kommunizieren mehr durch ihr Verhalten als durch Worte und zeigen damit: „Mir geht es nicht gut."

Kinder sind deshalb nicht gegen uns, sondern ihre Bedürfnisse sind gerade dringlicher als der Wille, uns Erwachsenen zu gefallen. Es ist unsere Aufgabe als Erwachsene, das kindliche Verhalten, wie zum Beispiel Gefühlsausbrüche, als Botschaft zu sehen (Wilhelm, 2022). Denn Gefühle (wie z.B. Wut, Traurigkeit und Angst) zeigen uns, dass bestimmte Bedürfnisse nicht erfüllt sind.

Wir Erwachsenen sollten innehalten und uns fragen:

- Was geht hier wirklich vor?
- Welches Bedürfnis steckt hinter den Gefühlen und dem Verhalten?
- Wie kann ich das Kind unterstützen?

Angelehnt an Abraham Maslows Bedürfnispyramide (Maslow, 1943) sind in der Vorlage einige relevante Bedürfnisse aufgelistet. Diese Liste kann dabei helfen, im Gespräch mit dem Kind herauszufinden, was es nun gerade braucht.

Wenn Kinder gar nicht sagen, was los ist, kann man sich durch Fragen an mögliche Bedürfnisse herantasten, z.B. „Hast du Hunger? Bist du müde? Ist dir langweilig? Brauchst du Hilfe? ...".

Alternativ dazu können wir versuchen, durch das, was das Kind erzählt, an die darunter liegenden Bedürfnisse heranzukommen. Denn nur, wenn wir die Bedürfnisse des Kindes kennen, können wir ihm anschließend auch wirklich helfen. Wichtig ist, dass wir die Gefühle und das Verhalten der Kinder ernst nehmen und ihnen liebevoll begegnen.

Wenn es um Bewegung Anregung, Entspannung oder Kontakt geht, hilft das Ritual *Balance finden* (S. 121) weiter.

Selbst-ver-wirklichung

Individual-bedürfnisse

Soziale Bedürfnisse

Sicherheitsbedürfnisse

Grundbedürfnisse

Stress erforschen

Hochsensible Menschen sind schneller reizüberfordert und dadurch auch schneller erschöpft und gestresst. Dennoch ist Stress auch individuell: Er hängt nicht nur von der äußeren Situation ab, sondern vielmehr vom inneren Erleben und der eigenen Bewertung der Situation. Unsere Überzeugungen und verinnerlichten Glaubenssätze beeinflussen unsere Wahrnehmung und unsere Reaktion auf ein Ereignis – ob wir es als stressig erleben oder nicht (Kaluza, 2018). Was den einen stresst, ist für die andere eventuell überhaupt kein Problem – und umgekehrt.

Auch unsere körperlichen Reaktionen in stressigen Situationen können sehr unterschiedlich ausfallen: ein Kind bekommt Kopfschmerzen, ein anderes leidet an Bauchschmerzen oder Verdauungsschwierigkeiten, ein drittes Kind hat Luftnot. Konzentrationsschwierigkeiten, innere Unruhe, Herzrasen, Schweißausbrüche, Bewegungsdrang oder Verspannungen sind ebenso typische Stressreaktionen. Es ist es also wichtig zu wissen, welche Situationen wir als stressig erleben und wie unser Körper darauf reagiert.

Ritual:

Denke über die folgenden Fragen nach. Du kannst dich auch mit anderen Menschen darüber austauschen. Was stellst du fest?

- In welchen Situationen fühle ich mich gestresst?
- Woran merke ich, dass ich gestresst bin?
- Wie fühlt sich mein Körper dabei an?
- Welche Gedanken habe ich in stressigen Situationen?

Finde heraus, inwieweit dir die meditativen Rituale helfen, deinen Stress zu reduzieren. Auch hier ist wieder Individualität im Spiel: Du magst vielleicht lieber kreative Rituale, ein anderes Kind kann besser durch Achtsamkeit zur Ruhe kommen und ein drittes muss sich bewegen und auspowern, um Stress abzubauen. Mit *Sensis Soforthilfe* (S. 123) und *Balance finden* (S. 121) kannst du dein aktuelles Befinden abfragen und geeignete Aktivitäten zum Stressabbau finden.

Balance finden

Vorlage:

Balance finden (S. 155)

Um ganz in unserer Kraft zu sein, brauchen wir ein ausgewogenes Maß an Bewegung, Anregung, Entspannung und Kontakt. Dafür ist es wichtig, unseren Körper gut wahrnehmen und unser Energielevel abschätzen zu können.

Bewegung baut Anspannung ab, schüttet Glückshormone aus und hält körperlich fit. Zusätzlich lernen Kinder, ihre körperlichen Kräfte und Grenzen einzuschätzen und verbessern Ausdauer, Koordination, motorische Fähigkeiten, Teamfähigkeit und ihr Selbstbewusstsein (Weber-Eisenmann, 2023).

Da Kinder häufig von ihren Eltern mit dem Auto zu ihrem Ziel gebracht werden und viel Zeit mit digitalen Medien verbringen, haben sie heutzutage in der Regel zu wenig Bewegung. Der Schulsportunterricht reicht bei weitem nicht aus, um dieses Defizit auszugleichen.

Deshalb ist zusätzliche regelmäßige Bewegung wichtig. Dazu zählen sportliche Aktivitäten wie Radfahren, Fußball, Tischtennis, Schwimmen, Tanzen, Inliner Fahren, Selbstverteidigung, Reiten, Yoga, Rennen, Raufen, Seilspringen, Klettern, im Wald spielen, Luftballons hochhalten, Frisbee werfen, Verstecken und Fangen spielen oder auch weniger anstrengende Aktivitäten wie ein Spaziergang mit Insektensuchen, Müllsammeln oder Walkie-Talkies, etc.

Anregung macht Spaß, fördert kognitive und emotionale Bereiche sowie unseren kreativen Ausdruck und unsere Fantasie. Anregende Aktivitäten sind Tätigkeiten, die uns herausfordern und gleichzeitig Freude bereiten, wie zum Beispiel Lesen, Musik hören, ein Instrument spielen, Singen, Basteln, Malen mit Fingerfarbe, Kneten, Töpfern, mit Sand bauen, Fotografieren, Armbänder gestalten, eine Geschichte schreiben, ein Hörbuch hören, einen Kuchen/Plätzchen/Brot selbst backen, Sudoku oder Rätsel lösen, kooperative Gesellschaftsspiele machen, Puppentheater entwerfen, Puzzeln, mit Spielzeug spielen, Rollenspiele, etc.

Entspannung dient der Stressreduktion, dem Krafttanken und der psychischen Entlastung. Entspannende Aktivitäten sind neben den hier im Buch beschriebenen Ritualen auch andere Handlungen, wie ein Bad nehmen, in einer Kuschelecke gemütlich sitzen, Schlafen etc.

Kontakt, also wenn wir in Verbindung mit anderen sind oder etwas gemeinsam tun, stärkt sowohl unser soziales Miteinander und unsere emotionale Anbindung als auch unser Selbstvertrauen. Kontakt bedeutet soziale Interaktion, also Blickkontakt, Berührung, einen Brief oder eine Nachricht versenden, aber auch gemeinsames Sprechen, Spielen und Handeln.

Die hier aufgeführten Kategorien sind natürlich nicht gänzlich getrennt voneinander zu sehen, sondern überlappen sich in vielen Bereichen. Beim Teamsport finden zum Beispiel Bewegung und Kontakt statt, anregende Aktivitäten wie Puzzeln können zugleich auch entspannend sein. Es ist wichtig, dass es eine möglichst gute Balance zwischen Bewegung, Anregung, Entspannung und Kontakt gibt. Denn wenn nur Bewegung und Anregung oder zu viel Kontakt vorhanden sind, kann das schnell erschöpfen. Wenn nur Entspannungsaktivitäten auf dem Programm stehen, wird es vielleicht schnell langweilig.

Vorbereitung:

Finde nun bestimmte Aktivitäten aus den 4 genannten Bereichen, die du gerne machst. Schneide dazu die Vorlage aus oder übertrage die Tabelle auf ein größeres Blatt und notiere dort mehrere Aktivitäten.

Hänge dein Blatt anschließend gut sichtbar auf, zum Beispiel in deinem Zimmer oder an deine Zimmertür.

Ritual:

Wenn du aus der Schule kommst, überlege (gemeinsam mit einem Erwachsenen):

- Was habe ich heute für mich getan?
- Habe ich alle vier Bereiche berücksichtigt?
- Wenn nicht, was möchte ich heute noch tun?
- Was brauche ich jetzt gerade?

Schaue auf deine Tabelle und suche dir etwas Passendes aus.

Sensis Soforthilfe

Vorlage:

Sensis Soforthilfe (S. 157)

Oft stellt sich bei HSP das Gefühl ein, dass „alles zu viel" wird. Damit einher gehen Unkonzentriertheit und sogar heftige Gefühlsausbrüche.

Sensis Soforthilfe gibt Eltern und Pädagog*innen eine Methode an die Hand, um Kinder rechtzeitig zu entlasten und akut bei ihrer Stressbewältigung zu unterstützen.

Diese Methode kennen einige Leser*innen vielleicht schon aus meinem ersten Kinderbuch „Schluss mit dem GEFÜHLchen-Chaos!", dort hieß sie „Eselle-Ampel".

Da es viele positive Rückmeldungen zu diesem Ritual von zahlreichen Erzieher*innen und Eltern gab und ich diese Methode als sehr wertvoll erachte, habe ich sie hier leicht abgewandelt erneut aufgenommen.

In Manus Geschichten zeigt das Sensi-Band verschiedene Stress-Stufen an (siehe S. 23). Zu den verschiedenen Farben (diese symbolisieren die unterschiedlichen Stress-Stufen) bietet Sensis Soforthilfe passende Maßnahmen an: hilfreiche Aktivitäten (bei gelb) und Notfallaktivitäten (bei orange).

Wenn sich ein Kind bereits im roten Bereich befindet, kann man oft wenig tun. Um diese Eskalation von vornherein zu verhindern, ist es deshalb wichtig, **regelmäßig** das Energielevel oder Stressniveau zu beobachten und **frühzeitig** (schon im gelben Bereich) Dinge zu tun, um zu entspannen und Stress abzubauen.

Vorbereitung:

Schneide die Vorlagen aus dem Buch aus und klebe sie auf Tonpapier oder Pappe. Nimm eine Büro- oder Wäscheklammer und versehe sie mit deinem Namen.

Ritual:

Frage dich: Wie gut fühle ich mich gerade?

- Bin ich ausgeglichen (grün)?
- Bin ich leicht unruhig (gelb)?
- Bin ich gestresst (orange)?

Nun setzt du – zum Beispiel mit deinen Eltern, sobald du aus der Schule gekommen bist – die eigene Klammer an die passende Farbe der Soforthilfe.

Wenn du gerade *nicht* im grünen Bereich bist, schaue auf Sensis Soforthilfe und überlege gemeinsam mit einem Erwachsenen, was du nun brauchst, um dich wieder wohlzufühlen.

Was kannst du tun, um den Stress wieder „abfließen" zu lassen?

Unterstützend hierfür können auch die Rituale *Balance finden* (S. 121) und *Sensi-Band-Hilfe* (S. 125) genutzt werden.

Sensi-Band-Hilfe

Vorbereitung:

Leider gibt es derzeit noch kein echtes Sensi-Band, das dir dein Energielevel anzeigt. Aber du kannst dir selbst ein Sensi-Band gestalten, das dich daran erinnert, dass du auf deine Energie achtgeben musst.

Am besten ist, wenn du das Band z.B. zum Sport abnehmen kannst. Verwende entweder ein dehnbares Band, z.B. Loomieband, oder drehe, flechte oder knüpfe ein Band aus Wolle, das so groß ist, dass du es gerade noch über deine Hand abstreifen kannst.

Ritual:

Frage dich mehrfach am Tag oder immer dann, wenn du dein Sensi-Band bewusst siehst oder spürst:

- Wie geht es mir gerade?
- Welche Farbe würde mein Sensi-Band jetzt anzeigen?

Bei grün ist alles in Ordnung. Wenn du meinst, dein Sensi-Band wäre jetzt eher gelb oder orange, überlege, was du gerade brauchst, um wieder Kraft zu tanken. Nutze dafür *Balance finden* (S. 121) und/oder *Sensis Soforthilfe* (S. 123).

Du findest zahlreiche unterschiedliche Anleitungen für Armbandgestaltungen im Internet oder in Bastelbüchern.

Sensis Abwehrsprüche

In vielen Situationen fällt es Kindern und auch Erwachsenen schwer, die richtigen Worte zu finden. Zum Beispiel dann, wenn wir uns abgrenzen oder wehren wollen. Vielleicht sind wir überwältigt und sprachlos oder wir wissen einfach nicht, was wir sagen sollen. Hierfür sind Sensis Abwehrsprüche gedacht.

Ritual:

Lies die Abwehrsprüche (z.B. gemeinsam mit deinen Eltern) und überlege:

- In welcher Situation könntest du einen Abwehrspruch gebrauchen?
- Suche dir einen passenden Abwehrspruch aus.
- Wie fühlt es sich an, diesen Spruch zu denken oder auszusprechen?

Notiere dir den Spruch auf einer Karte und hänge ihn sichtbar auf. Je öfter du ihn liest und dich an ihn erinnerst, desto einfacher kannst du den Abwehrspruch anwenden.

Wenn du den Abwehrspruch benutzt hast, beobachte, was im Anschluss daran passiert ist:

- Wie hat dein Gegenüber reagiert?
- Wie hast du dich in der Situation gefühlt?

Abwehrsprüche für Erholungspausen:

Hochsensible Kinder benötigen in der Regel mehr Erholungspausen als andere. Um diese Pausen einzufordern und zu kommunizieren, helfen folgende Sätze:

- Ich brauche jetzt Zeit für mich.
- Ich merke gerade, dass ich erschöpft bin.
- Ich möchte mich ausruhen.
- Ich brauche mal eine Pause.
- _____
- _____

„Nein" sagen: (Kuschik, 2022)

„Nein" sagen ist eine der größten Herausforderungen. Gerade deshalb ist es wichtig, dass Kinder lernen, auch „Nein" zu sagen, denn nur dadurch können sie auf ihr Energielevel, ihre Bedürfnisse und Grenzen achten und dafür sorgen, dass es ihnen gut geht.

„Nein" sagen kann man auf ganz unterschiedliche Weise:

- Stopp!
- Ich möchte das nicht!
- Ich habe genug.
- Ich denke darüber nach.
- Ich kann es machen, aber jetzt geht es nicht.
- Ich verstehe deine Bitte und ich möchte gerne etwas anderes.
- Das ist nicht meine Aufgabe.

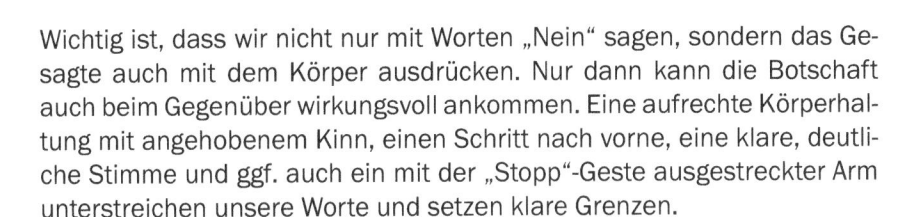

- _____

- _____

Wichtig ist, dass wir nicht nur mit Worten „Nein" sagen, sondern das Gesagte auch mit dem Körper ausdrücken. Nur dann kann die Botschaft auch beim Gegenüber wirkungsvoll ankommen. Eine aufrechte Körperhaltung mit angehobenem Kinn, einen Schritt nach vorne, eine klare, deutliche Stimme und ggf. auch ein mit der „Stopp"-Geste ausgestreckter Arm unterstreichen unsere Worte und setzen klare Grenzen.

Dumme-Sprüche-Abwehr:

Oft hören hochsensible Kinder sowohl von Kindern als auch Erwachsenen verletzende Worte, die sich konkret auf ihre hochsensible Wesensart beziehen. Darunter fallen Aussagen wie z.B.:

- Du bist aber empfindlich!
- Heulsuse!
- Stell dich nicht so an!
- Das kann doch gar nicht sein!
- Was hast du denn jetzt auf einmal!?

Hochsensible Personen treffen solche Sätze besonders stark. Sie fühlen sich abgewertet und können diese und andere Beleidigungen schlecht an sich abprallen lassen.

In solchen schutzlosen Situationen helfen ein paar schlagfertige Antworten, die wir am besten gemeinsam mit den Kindern zuvor einüben. Natürlich empfinden Kinder dumme Sprüche deshalb nicht als weniger verletzend. Aber es tut ihnen gut, wenn sie sich nicht völlig überrumpelt fühlen, sondern wenigstens etwas Konkretes entgegnen können.

Wenn wir gerade nicht wissen, wie wir auf einen blöden Spruch reagieren sollen, ist es manchmal besser, irgendetwas zu sagen, als die Beleidigung stillschweigend zu ertragen.

Wichtig ist, die Antwort möglichst ruhig und neutral zu geben, statt aggressiv oder wütend zu werden. Das ist nicht ganz einfach, aber mit etwas Übung kann das klappen.

Folgende Techniken für schlagfertige Antworten möchte ich an dieser Stelle gerne vorstellen:

Ich habe die Wahl (Kuschik, 2022)

Oft fühlen wir uns als Opfer der Umstände. Jemand beleidigt mich und ich muss mich darüber ärgern. Das stimmt aber so nicht. Auch wenn es schwerfällt, können wir selbst entscheiden, wie wir auf ein Ereignis oder auf eine Beleidigung reagieren wollen. Die folgenden Sprüche machen dies zum Thema. Sie können entweder gedacht oder direkt ausgesprochen werden:

- *Wer mich ärgert, bestimme immer noch ich.*
- *Das nehme ich mal lieber nicht persönlich.*
- *Ich habe keine Lust, mich aufzuregen. Das ist es nicht wert.*

- _____
- _____

Du hast recht (Kuschik, 2022)

Die „Du hast recht"-Antwort nimmt dem Gegenüber den Wind aus den Segeln, weil wir ihm*ihr ja beipflichten. Das heißt nicht, dass wir das wirklich so denken, aber auf diese Weise liefern wir anderen Personen keine weitere Angriffsfläche. Denn meistens erwarten die Menschen, die beschimpfen, eine Gegenreaktion, in der wir zurück beleidigen oder wütend werden. Diesen Gefallen tun wir ihnen diesmal nicht. Unsere gedachten oder wirklich ausgesprochenen Antworten könnten daher lauten:

- *Du hast recht.*
- *Du hast recht. Ich bin hochsensibel und das ist auch gut so.*
- *Du hast recht. Ich bin sensibel. Na und?*

Absurde Reaktion (Nölke, 1999)

Bei dieser Methode reagieren wir auf eine Beleidigung mit einem völlig unpassenden Sprichwort oder einem unsinnigen Satz, um unser Gegenüber zu verwirren und den „Angriff" abzuwehren. So lassen wir das Gesagte nicht nur über uns ergehen, sondern wehren es quasi mit einem Kunstgriff ab. Beispielsätze sind:

- *Das ist mir zu rund, das passt nicht in meinen eckigen Kopf.*
- *Würdest du das bitte noch mal rückwärts sagen?*
- _____
- _____

Rituale für Selbstliebe, Selbstbewusstsein und Lebensfreude

Viele Hochsensible erleben ihre Wesensart als Belastung, was aufgrund der Andersartigkeit und geringeren Belastbarkeit zu Gefühlen der Minderwertigkeit führen kann.

Die nun folgenden Rituale verdeutlichen hochsensiblen Kindern ihre verborgenen Stärken, sodass sie ihre eigene Hochsensibilität wertzuschätzen lernen. Sie unterstreichen die Einzigartigkeit jedes Menschen und unterstützen eine positive Lebenseinstellung voller Dankbarkeit und Lebensfreude.

Supersätze

Vorlage:

Supersätze (S. 159)

In der Kindheit erwerben wir unbewusst Glaubenssätze. Das sind verinnerlichte Überzeugungen über die Welt, mich selbst und andere Menschen. Leider sind darunter auch einige negative, nicht hilfreiche Glaubenssätze, die unser Stressempfinden sehr beeinflussen (Kaluza, 2018).

Mit diesem Ritual können wir Kindern helfen, positive Glaubenssätze (Supersätze) zu entwickeln.

Vorbereitung:

Eine erwachsene Person sucht aus der Vorlagen-Liste negative Überzeugungen (Müll-Gedanken) heraus, die für das Kind oder für eine Gruppe passend erscheinen, und schreibt sie mit einem dicken Stift jeweils auf ein Blatt Papier.

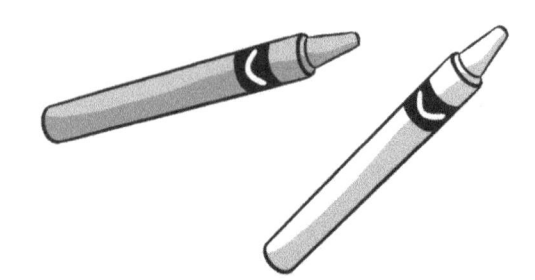

Ritual:

Eine erwachsene Person berichtet:

Manu hat seine Gedanken aufgeschrieben, über das Leben, sich selbst und andere. Gemeinsam wollen wir mal schauen, was das für Gedanken sind.

[Vorlesen der Müll-Gedanken]

Im Anschluss soll jeder Müll-Gedanke diskutiert werden:

- Ist dieser Gedanke wirklich wahr?
- Gibt es auch Situationen, wo dieser Gedanke nicht stimmt?
- Hast du diesen Gedanken auch schon mal gedacht?
- Wie fühlt es sich an, diesen negativen Satz zu denken?

Danach können die passenden Supersätze gezeigt oder mit älteren Kindern eigene Supersätze entworfen werden.

- Was könnte Manu stattdessen denken, so dass sich Manu wohlfühlt?
- Wie fühlt es sich an, den neuen Supersatz zu denken?

Stärken

Häufig sorgen wir selbst für Stress durch unser subjektives Gefühl der Überforderung („Ich schaffe das nicht.") (Kaluza, 2018). Deshalb ist es wichtig, dass wir unsere Stärken kennen, damit wir möglichst selbstbewusst handeln und unser Leben gut meistern können.

Wie Sensi in der Geschichte sagt, ist jeder Mensch einzigartig und hat ganz besondere Stärken. Versuchen wir also nicht, jemand anderes zu sein, denn die andere Person gibt es ja schon. Wir sollten uns erlauben, so zu sein, wie wir sind (Baraz, 2010).

Ritual:

Jede Person darf nun reihum etwas Positives über sich selbst sagen, zum Beispiel:

- Beschreibe dich mit 3 tollen Adjektiven.
- Sage etwas Stärkendes/Wunderbares über dich in 2 Sätzen.
- Was sind deine Stärken, was kannst du besonders gut?

Die anderen Personen sind Bezeugende und könnten anschließend zum Beispiel klatschen, jubeln oder eine Handvoll Konfetti schmeißen, um das Gesagte zu bekräftigen.

Eure Stärken könnten zum Beispiel so lauten:

- Ich bin sportlich, witzig und ehrlich.
- Ich bin tierlieb, geduldig und kreativ.
- Ich bin einzigartig, hilfsbereit und umweltbewusst.
- Ich kann schnell Vokabeln lernen. Ich kann gut Handball spielen.
- Ich kann tolle Comics zeichnen. Ich backe leckere Muffins.
- Ich bin zuverlässig und kann gut erklären.
- Ich kann gut schwimmen und Inliner fahren.
- Ich kann gut Rätsel lösen und bin sehr musikalisch.

- Wie war dieses Ritual für dich?
- Was hast du beobachtet und wahrgenommen?
- Wie fühlst du dich jetzt?

Ich bin tierlieb und kreativ!

Ich kann gut Rätsel lösen und Gitarre spielen!

Ich bin hilfsbereit und backe leckere Muffins!

Ich bin umweltbewusst und kann gut erklären!

Ich bin witzig und kann gut Handball spielen!

Im Anschluss an das Ritual *Stärken* kann auch das nun folgende Ritual *Superheld*in* gemacht werden.

Schatzbuch

Vorlage:

Schatzbuch (S. 161)

Das Schatzbuch fördert eine positive Lebenseinstellung und den Fokus auf das beglückende Gefühl der Dankbarkeit.

Wenn wir Dankbarkeit spüren, können wir nicht gleichzeitig wütend sein oder über negative Dinge nachdenken.

Weitere Übungen und Rituale, um Gefühle zu teilen und Dankbarkeit zu spüren, findest du auch im Buch „Schluss mit dem GEFÜHLchen-Chaos!".

Vorbereitung:

Du brauchst ein kleines Büchlein (z.B. ein DIN A5-Heft) und einen Kugelschreiber. Schneide die Vorlage aus dem Buch aus und male sie farbig aus.

Klebe sie vorne auf dein Schatzbuch auf.

Ritual:

Nimm dein Schatzbuch am Abend oder Nachmittag und notiere drei schöne Schatzmomente, die du heute tagsüber erlebt hast. Dabei geht es nicht nur um große Schätze und besonders tolle Erlebnisse, sondern auch um alltägliche, kleine Schätze, die wir oft übersehen.

Beispiele:

- Das Kartenspielen mit Mama war schön.
- Beim Ausflug war es sonnig.
- Ich bin dankbar, dass mir Sina heute geholfen hat.
- Ich war glücklich, dass wir eher Schulschluss hatten.
- Mein Freund hat mir eine Banane geschenkt.

- _____
- _____

ALTERNATIV

Ihr könnt auch ein **Familien-Schatzbuch** oder ein **Klassen-Schatzbuch** machen. Jede Person sollte mindestens drei Schatzmomente innerhalb einer Woche notieren. Nehmt euch nach einer Woche dann etwas gemeinsame Zeit zum Vorlesen eurer Schatzmomente.

Für kleine Kinder können die Erwachsenen Schatzmomente notieren, die von den Kindern genannt werden.

Oder es wird gänzlich auf das Aufschreiben verzichtet und zum Beispiel nachmittags in einer Erzählrunde oder abends vor dem Zubettgehen überlegt, welche Schätze heute gesammelt wurden.

- Wie war dieses Ritual für dich?
- Was hast du beobachtet und wahrgenommen?
- Wie fühlst du dich jetzt?

Superheld*in

Vorlage:

*Superheld*in* (S. 163)

Im vorherigen Ritual *Stärken* wurden die eigenen Begabungen und Fähigkeiten ausgesprochen. Es ist noch wirkungsvoller, wenn die individuellen Stärken zusätzlich visualisiert werden. Dafür dient das folgende Ritual.

Vorbereitung:

Schneide die Vorlage aus dem Buch aus. Nimm dir außerdem einen Bleistift sowie Bunt- oder Filzstifte. Nutze ein möglichst großes Blatt Papier (ca. DIN A3).

Ritual:

Gestalte ein Bild über dich als Superheld*in mit all deinen Stärken und Vorlieben. Denk daran: Deine Zeichnung muss nicht wie ein Foto sein. Viel wichtiger ist, dass dir das Bild Kraft gibt und deine Stärken zeigt.

Du kannst die Vorlage in die Mitte auf dein Blatt kleben oder dich selbst ohne Vorlage zeichnen. Schreibe auch deinen Namen groß auf das Blatt.

Stelle deine Stärken und Vorlieben durch Kleidung, Gegenstände oder Symbole dar. Zeichne einen passenden Hintergrund und gestalte dein Bild farbenfroh. Wenn du magst, kannst du auch Fotos oder ausgeschnittene Gegenstände hinzukleben.

Betrachte anschließend dein Bild, sobald es fertig ist. Stelle dich danach als Superheld*in hin und spüre, wie sich das anfühlt.

- Wie war dieses Ritual für dich?
- Was hast du beobachtet und wahrgenommen?
- Wie fühlst du dich jetzt?

Es reicht, wenn du besondere Merkmale wie Haarfarbe, Frisur, Augenfarbe oder Kleidung darstellst. Hauptsache, du hast Spaß beim Zeichnen.

Rituale für Verbindung und Kontakt

Als Menschen sind wir soziale Wesen und brauchen den Kontakt und die emotionale Verbindung zu vertrauten Personen. Die folgenden Rituale geben die Möglichkeit, diesen Kontakt herzustellen oder zu vertiefen.

Sanduhr

Das Sanduhr-Ritual bietet Zeit zum Innehalten und außerdem Zeit für Gemeinsamkeit – und zwar nicht nur im Urlaub oder am Wochenende, sondern auch im Alltag. Dieses Ritual kann zu zweit oder in Kleingruppen durchgeführt werden.

Vorbereitung:
Du benötigst eine Sanduhr (2–3 Minuten). Alternativ funktioniert das Ritual auch mit einem Timer am Smartphone. Die Sanduhr finde ich jedoch wesentlich schöner, da hier genau zu sehen ist, wie die Zeit im wahrsten Sinn des Wortes „verrinnt".

Ritual:
Sucht euch eine der Tätigkeiten aus (siehe unten), dreht die Sanduhr um und gönnt euch ein paar Minuten Zeit dafür.

- Von einem schönen Moment im Leben berichten
- Drei Dinge aufzählen, wofür ich dankbar/stolz bin
- Drei Glücksmomente des Tages aufzählen
- Sich einen Witz oder ein lustiges Ereignis erzählen
- Sich lange in die Augen schauen
- Einer anderen Person die Hand auf die Schulter oder den Rücken legen
- Eine Umarmung schenken
- Sagen, was man an der anderen Person mag
- Gemeinsam Abrocken zur Musik
- Gemeinsam ein Lied singen

- Wie war dieses Ritual für dich?
- Was hast du beobachtet und wahrgenommen?
- Wie fühlst du dich jetzt?

Zuneigung

Gegenseitige Wertschätzung und Zuneigung sind wunderbar, wenn sie durch Worte und vor allem auch durch Handeln spürbar werden. Dies ist ein Ritual für Erwachsene und Kinder, die sich sehr mögen. In diesem Ritual wird nicht gesagt, warum man die andere Person mag, sondern die Fragestellung erfolgt genau umgekehrt.

Nicole Wilhelm (Wilhelm, 2019) hat mich mit ihrer Überlegung „Woran merkst du, dass ich dich so richtig liebhabe?" zu diesem Ritual inspiriert.

Es müssen nicht große Liebesbekundungen sein, damit ich erkenne, dass mich jemand mag. Auch kleine Gesten oder fürsorgliche Alltagshandlungen zeigen Wertschätzung und lassen Zuneigung erkennen.

Ritual:

Setzt euch zusammen in einen Kreis oder, bei zwei Personen, gegenüber hin. Stellt eine (elektrische) Kerze in die Mitte und macht es euch gemütlich.

PERSON A FRAGT

„Woran merkst du, dass ich dich so richtig liebhabe?", oder bei mehreren Personen,

„Woran merkt ihr, dass ich euch so richtig mag?"

Während die andere Person B oder mehrere Personen auf diese Frage antworten, hört Person A zu.

PERSON B/MEHRERE PERSONEN NACHEINANDER

Lege eine Hand auf dein Herz und lass die Frage einen Moment in dich sinken. Spüre in dich hinein und antworte einfach aus dem Herzen heraus.

[Wer mag, kann zunächst seine Gedanken aufschreiben und anschließend mitteilen.]

PERSON A

Finde zum Abschluss eine Geste des Dankes (Umarmung, Lächeln, „Danke", etc.).

Nun werden die Rollen getauscht und Person B stellt die Eingangsfrage und erhält von Person A und ggf. weiteren Personen die Antworten.

Wenn jede Person an der Reihe war, beendet das Ritual, indem ihr euch noch einen kurzen Moment an den Händen haltet. Dann wird die Kerze ausgepustet oder ausgeschaltet.

- Wie war dieses Ritual für dich?
- Was hast du beobachtet und wahrgenommen?
- Wie fühlst du dich jetzt?

Herzensmenschen

Wenn wir gestresst sind oder es uns nicht gut geht, brauchen wir die Unterstützung anderer Menschen, zum Beispiel Eltern, Oma und Opa, Freund*innen, Erzieher*innen und Lehrkräfte, etc. In der Regel haben wir solche Herzensmenschen in unserem Leben. Auch Haustiere und Kuscheltiere gehören dazu.

Vorbereitung:

Schneide aus festerem Papier ein großes Herz aus. In das Herz kannst du nun deine Herzensmenschen und/oder Herzenstiere malen, deren Namen hineinschreiben oder auch Fotos von ihnen aufkleben. Hänge die Herz-Collage gut sichtbar in deinem Zimmer auf.

Ritual:

Betrachte nun regelmäßig, zum Beispiel einmal am Tag, deine Herz-Collage.

Setze dich dafür bequem hin. Lege eine Hand auf dein eigenes Herz und schließe deine Augen.

Atme dreimal tief ein und aus und lasse anschließend deinen Atem ganz natürlich fließen.

Denke an deine Herzensmenschen und nimm wahr, wie du dich dabei fühlst.

Es ist wunderbar, dass du so wichtige Menschen und Ttiere in deinem Leben hast. Spüre einen Moment die Dankbarkeit in deinem Herzen.

Atme noch einmal tief ein und wieder aus.

Öffne deine Augen wieder und komme zurück in den Tag.

- Wie war dieses Ritual für dich?
- Was hast du beobachtet und wahrgenommen?
- Wie fühlst du dich jetzt?

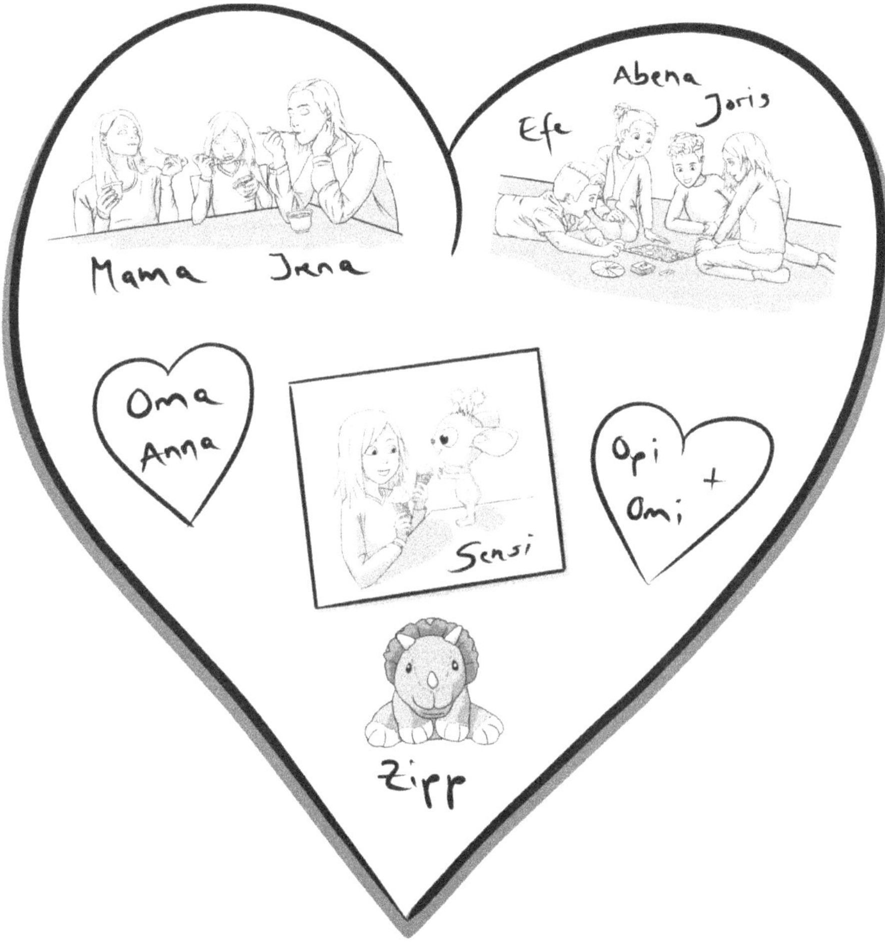
Mama Irena
Abena
Joris
Efe
Oma Anna
Sensi
Opi + Omi
Zirp

Berührung

Ein grundlegendes Bedürfnis, nicht nur von Kindern, ist Körperkontakt. Körperkontakt ist wichtig für die psychische Entwicklung von Kindern und ihre körperliche Gesundheit. Da Kinder heute recht früh in Betreuungseinrichtungen sind und dort besonders seit Corona weniger Körperkontakt praktiziert wird, sind viele Kinder körperlich unterversorgt, quasi „unterkuschelt" (Wilhelm, 2022).

Hier kann das meditative Berührungs-Ritual helfen, nährenden Körperkontakt zu spenden. In diesem Ritual geht es darum, angenehme Berührungen zu empfangen. Es handelt sich dabei nicht um Massage, sondern um achtsames Berühren.

Ein sensibler Umgang mit diesem Ritual ist sehr wichtig, da es möglicherweise auch Kinder gibt, die mit Berührung negative Erfahrungen gemacht haben.

Vorbereitung:

Vorab sollte geklärt werden, dass nur Hände, Arme, Schultern, Rücken und Kopf berührt werden. Außerdem wird jedem Kind die Möglichkeit gegeben, bestimmte Körperteile von vornherein von der Berührung auszuschließen. Diese speziellen Körperteile werden dann ausgelassen.

Auch hat jedes Kind selbstverständlich das Recht, die Berührungsübung jederzeit abzubrechen. Hilfreich ist außerdem, den Kindern vorher zu zeigen, wie die Berührungen ausgeführt werden.

HALTENDE BERÜHRUNGEN

Die Hände werden ohne oder nur mit leichtem Druck zum Beispiel auf die Schultern gelegt und ruhen dort für einen längeren Moment.

STREICHENDE BERÜHRUNGEN

Die Handflächen streichen langsam und vorsichtig zum Beispiel über den Arm oder den Rücken entlang.

Eine ruhige Entspannungsmusik kann dieses Ritual begleiten. Es ist als Partnerübung gedacht und wird im Sitzen durchgeführt.

Zuerst berührt Person A ganz achtsam Person B. Anschließend werden die Rollen getauscht. Wenn Kinder dieses Ritual zusammen machen, sollte ein Erwachsener die Berührung anleiten und die Körperteile benennen (siehe unten).

Ritual:

FÜR DIE BERÜHRTE PERSON

Setze dich bequem hin, zum Beispiel im Schneidersitz mit dem Rücken zu der anderen Person. Deine Arme hängen seitlich am Körper herunter und deine Hände liegen auf der Unterlage auf.

Schließe deine Augen. Spüre, wie sich dein Körper anfühlt: deine Beine, dein Bauch und dein Rücken, deine Arme und dein Kopf.

Nimm nun drei tiefe Atemzüge. Lasse anschließend deinen Atem ganz natürlich fließen. Es gibt jetzt nichts mehr zu tun als da zu sein. Genieße die achtsame Berührung und entspanne dich.

FÜR DIE BERÜHRENDE PERSON

Nähere dich langsam den **Schultern** des Kindes mit deinen Händen und lege sie dort sanft ab. Lasse deine Hände ruhig auf den Schultern des Kindes ruhen.

Wandere mit deinen Händen zum Rücken und lege deine Hände zwischen die **Schulterblätter** des Kindes. Lasse sie dort eine Weile ruhen. Streiche nun langsam von den **Schultern** des Kindes über den **Rücken** entlang nach unten. Löse dann deine Hände und lege sie wieder vorsichtig auf die Schultern. Mache dies mehrfach sanft und langsam von oben nach unten.

Wenn du das nächste Mal deine Hände am unteren Rücken löst, lege sie erneut auf die **Schultern**. Lasse sie dort einen Moment lang liegen.

Streiche nun langsam von den **Schultern** des Kindes über die **Oberarme** und die **Unterarme** und lege dann deine Hände auf die **Hände** des Kindes. Lasse sie sanft auf den Händen ruhen. Wandere mit deinen Händen nun wieder streichend zu den **Schultern** nach oben und legen deine Hände erneut auf die Schultern.

Löse nun ganz langsam die Hände von den Schultern und lege sie ganz vorsichtig **von oben auf den Kopf** des Kindes. Lasse deine Hände dort ganz sanft ruhen. Löse abschließend ganz langsam die Hände vom Kopf und bleibe noch einen Moment hinter dem Kind sitzen.

FÜR BERÜHRTE PERSON

Atme nun noch dreimal tief ein und lange wieder aus. Genieße das Gefühl der Entspannung im ganzen Körper.

Bewege jetzt deine Finger und Zehen ein wenig. Recke und strecke deine Arme und Beine und bewege deinen ganzen Körper etwas. Nimm noch einen tiefen Atemzug. Wenn du so weit bist, öffne langsam deine Augen und komme zurück in den Tag.

- Wie war dieses Ritual für dich?
- Was hast du beobachtet und wahrgenommen?
- Was ist in deinem Körper passiert?
- Welche Berührungen waren für dich angenehm?
- Wie hast du dich als berührte/berührende Person gefühlt?
- Wie fühlst du dich jetzt?

Vorlagen zu den Ritualen

Alle Vorlagen haben eine weiße Rückseite, damit ihr sie ausschneiden könnt!

Eigene Ideen:

Eigene Ideen:

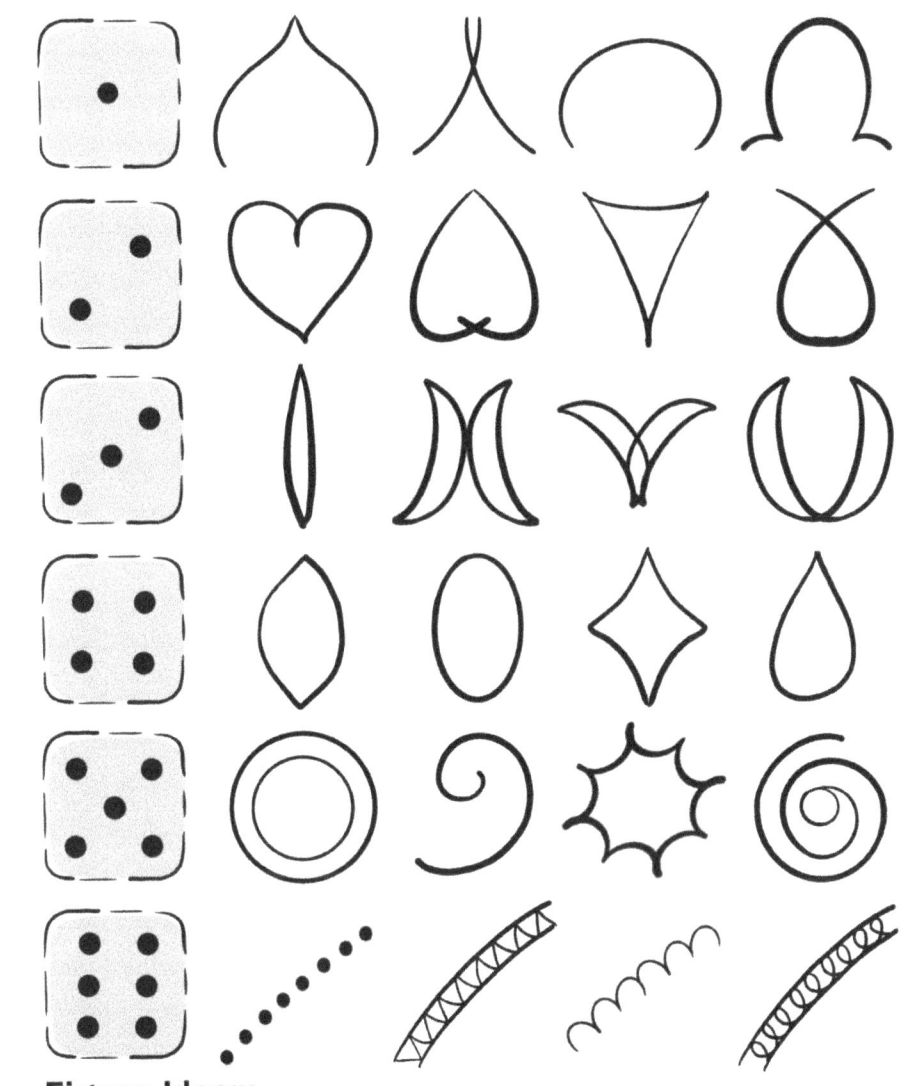

Wohlfühl-Check

Deine Antworten reichen vom grinsenden Smiley mit Krone und Sternchenaugen, der bedeutet „Es könnte nicht besser sein" bis hin zum weinenden Smiley, der sagt: „Ich bin gar nicht zufrieden, ich fühle mich sehr unwohl."

LEBENSBEREICHE	😄👑	🙂	😐	🙁	😢
Lebensfreude/Spaß: Ich bin glücklich und habe Spaß im Leben.					
Gesundheit: Ich fühle mich körperlich wohl und fit.					
Erholung/Entspannung: Ich bin entspannt und erhole mich regelmäßig nach Anstrengungen.					
Bewegung: Ich bewege mich gerne und regelmäßig (z.B. Sport).					
Selbstbewusstsein: Ich bin gut so, wie ich bin.					
Familie: In meiner Familie fühle ich mich wohl, umsorgt und respektiert.					
Freunde: Ich habe mindestens ein Kind, mit dem ich gerne Zeit verbringe und dem ich vertraue.					
Schule: Ich gehe gerne in die Schule und fühle mich dort wohl.					
Freizeit/Hobbies: Ich mache öfter Dinge, die mir Spaß machen.					

Bedürfnisse klären

GRUNDBEDÜRFNISSE
- **Nahrung** (Ich brauche etwas zu essen/zu trinken.)
- **Schlaf** (Ich möchte ausreichend schlafen. Ich benötige einen ruhigen Schlafplatz.)
- **Bewegung** (Ich muss mich etwas bewegen/Sport machen/ mich auspowern.)
- **Entspannung** (Ich brauche Ruhe. Ich möchte mich z.B. bei einer Fantasiereise entspannen.)
- **Anregung** (Ich benötige Abwechslung/ Beschäftigung und möchte etwas tun.)

SICHERHEITSBEDÜRFNISSE
- **Körperliche Unversehrtheit** (Ich will unverletzt und schmerzfrei sein.)
- **Respekt** (Ich möchte respektvoll und liebevoll behandelt werden.)
- **Rücksichtnahme** (Ich möchte mit meinen Bedürfnissen respektiert werden. Ich möchte z.B. alleine sein.)
- **Gerechtigkeit** (Ich wünsche mir, dass es hier fair zugeht.)
- **Verlässlichkeit** (Ich brauche klare Absprachen und muss wissen, wie Dinge laufen und geregelt sind. Es ist mir wichtig, dass du dich an die Regeln hältst.)

SOZIALE BEDÜRFNISSE
Grundlegende Zugehörigkeit
- **Gemeinschaft** (Ich möchte mich zu dieser Gruppe/Familie zugehörig fühlen. / Ich wünsche mir, mit dir befreundet zu sein.)
- **Zuneigung** (Ich will bedingungslos geliebt werden. Ich möchte mich geborgen fühlen.)
- **Vertrauen** (Ich brauche eine Person, der ich vertrauen kann. / Ich möchte, dass du meine Probleme vertraulich behandelst.)

Akute Zuwendung
- **Fürsorge** (Ich brauche dein Verständnis. / Ich möchte, dass du mich tröstest.)
- **körperliche Nähe** (Ich brauche eine Umarmung. / Ich möchte, dass du meinen Rücken berührst.)
- **Kommunikation** (Ich möchte mit dir sprechen und gehört werden.)
- **Hilfe** (Ich brauche deine Unterstützung bei einer Tätigkeit oder bei einem Problem.)

INDIVIDUALBEDÜRFNISSE
- **Dankbarkeit** (Ich möchte, dass du mein Engagement wertschätzt.)
- **Unabhängigkeit** (Ich will die Dinge, die ich kann, selbstständig tun. Ich möchte - im Rahmen meiner Möglichkeiten - für mich selbst bestimmen und Verantwortung für mich und mein Handeln übernehmen.)
- **Selbstverwirklichung** (Ich möchte meine Talente und Kreativität entfalten. Dafür brauche ich Raum und ggf. deine Unterstützung.)

Balance finden

ENTSPANNUNG	BEWEGUNG	ANREGUNG	KONTAKT

Energielevel
Ich bin völlig erschöpft!
Ich kann nicht mehr!

Gefühle
Ich bin überwältigt von meinen Gefühlen.

Verhalten
Ich schreie, ich weine,
ich bin nicht mehr ansprechbar,
ich schlage um mich, ich tue mir weh, ...

Eskalation verhindern!

Energielevel
Ich habe wenig Energie
und bin erschöpft.

Gefühle
Ich bin frustriert/wütend,
ich fühle mich schlecht.

Verhalten
Ich werde laut,
ich beleidige/ärgere andere,
ich mache Krach mit Möbeln,
ich mache unerlaubte Dinge,
ich renne weg, ...

Notfallaktivitäten
Stressabbau durch starken körperlichen Reiz
- Power-PMR (S. 113)
- Schütteln (S. 101)
- Gegen Boxsack/Kissen schlagen
- Den ganzen Körper mit der flachen Hand abklopfen
- Hände/Füße kalt abduschen, kalten Lappen auf die Stirn legen
- Ein Gummi (um das Handgelenk) leicht fletschen lassen
- Einen Igelball in den Händen kneten
- Einen starken Geruch riechen (z.B. Pfefferminzöl, Essig)
- Einen starken Geschmack schmecken (z.B. Brausepulver, scharfes Pfefferminzbonbon)

Pause machen!

Energielevel
Ich bin leicht gestresst.
Ich bin müde und
etwas erschöpft.

Gefühle
Ich bin traurig,
ich fühle mich unwohl,
ich bin unruhig.

Verhalten
Ich kann mich nicht
konzentrieren,
ich habe zu nichts Lust, ...

Hilfreiche Aktivitäten
Stressabbau durch Bewegung, Entspannung, Kontakt, Anregung
- Sensis Entspannungsreisen (S. 81)
- Meditative Rituale für die Sinne (S. 88)
- Achtsamkeit im Alltag (S. 98)
- Gehen (S. 99)
- Lachen (S. 103)
- Kreative Rituale (S. 105)
- Zahlen-Atmung (S. 110)
- Bedürfnisse klären (S. 118)
- Stress erforschen (S. 120)
- Balance finden (S. 121)
- Schatzbuch (S. 134)
- Rituale für Verbindung und Kontakt (S. 137)

Entspannen!

Energielevel
Ich habe viel Energie und kann meine
Fähigkeiten bestens einsetzen.
Ich fühle mich fit und erholt.

Gefühle
Ich bin glücklich, zufrieden
und ausgeglichen.

Verhalten
Ich habe Lust, mich zu beschäftigen,
ich erzähle gerne etwas, ...

Mir geht es gut!

Müll-Gedanken	Supersätze
	ÜBER DAS LEBEN
Das Leben ist schwierig.	Schwierigkeiten gehören zum Leben dazu und ich lerne, sie zu bewältigen. Es ist gerade, wie es ist, aber ich kann mein Leben verändern.
Das Leben ist nicht fair.	Ich bin dankbar für das, was ich habe. Ich werde im Leben unterstützt.
	ÜBER MICH
Keiner mag mich. Ich bin nicht liebenswert.	Ich bin gut so, wie ich bin, und werde geliebt.
Ich kann nichts richtig machen. Ich bin nicht gut genug.	Ich glaube an mich und meine Stärken.
Ich kann das nicht.	Ich kann das NOCH nicht und bin bereit, es zu lernen.
Ich muss alles richtig machen. Ich muss perfekt sein.	Ich mache alles so gut wie möglich, so gut wie nötig. Auch ich darf Fehler machen.
Ich muss durchhalten, auch wenn ich erschöpft bin.	Ich sorge für mich. Ich darf mich ausruhen und entspannen. Ich achte auf meine Energie und mache regelmäßig Pausen.
Die Umstände sind schuld, dass es mir schlecht geht.	Ich bin für mein Leben selbst verantwortlich.
Du machst mich wütend.	Ich entscheide selbst, wie ich reagiere.
Ich mag keine Veränderungen. Ich muss die Kontrolle behalten.	Ich bin zuversichtlich und bleibe gelassen, auch wenn ich nicht weiß, was kommt.
	ÜBER UNS
Ich muss etwas leisten, damit ich geliebt werde.	Ich verdiene bedingungslose Liebe und darf einfach sein, wie ich bin.
Ich muss von allen gemocht werden. Ich muss beliebt sein.	Nicht alle müssen mich mögen.
Ich muss es allen recht machen.	Ich darf Nein sagen und achte klar und selbstbestimmt auf meine Grenzen.
Ich muss meine Bedürfnisse für andere zurückstecken.	Ich achte liebevoll auf meine Bedürfnisse. Ich bin gut zu mir und sorge für mich.
Ich mag keine Konflikte. Alles soll immer harmonisch sein.	Konflikte gehören zum Leben dazu und ich lerne, sie zu bewältigen.
Ich muss alles alleine schaffen.	Ich darf um Hilfe bitten, Unterstützung annehmen und mich dabei wohlfühlen.

Schatzbuch

Ich war glücklich, als…

Ich bin dankbar, dass…

Vorlage Supermaid*in

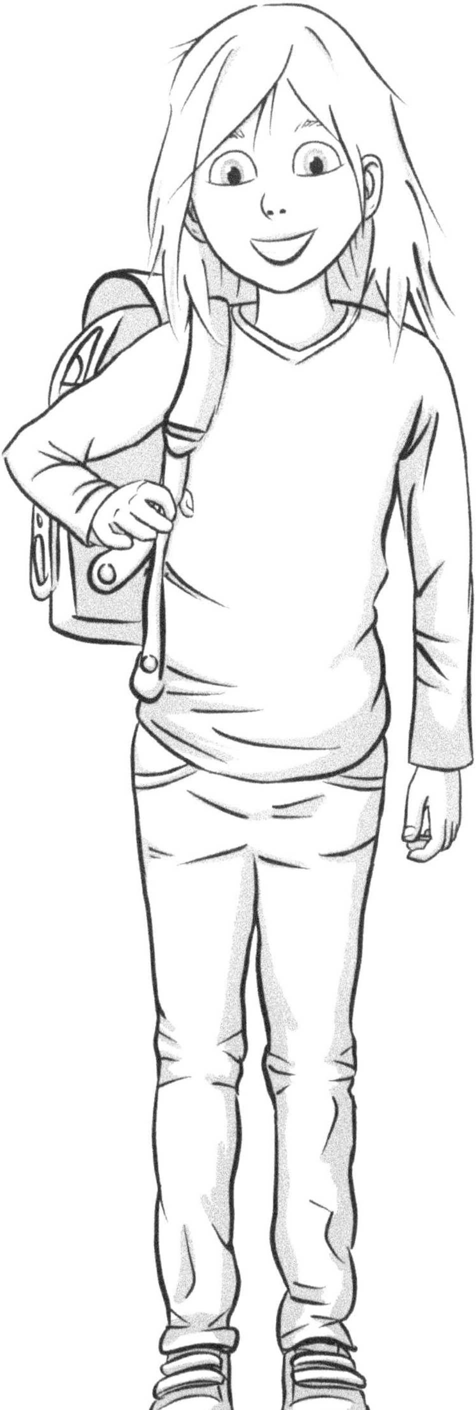

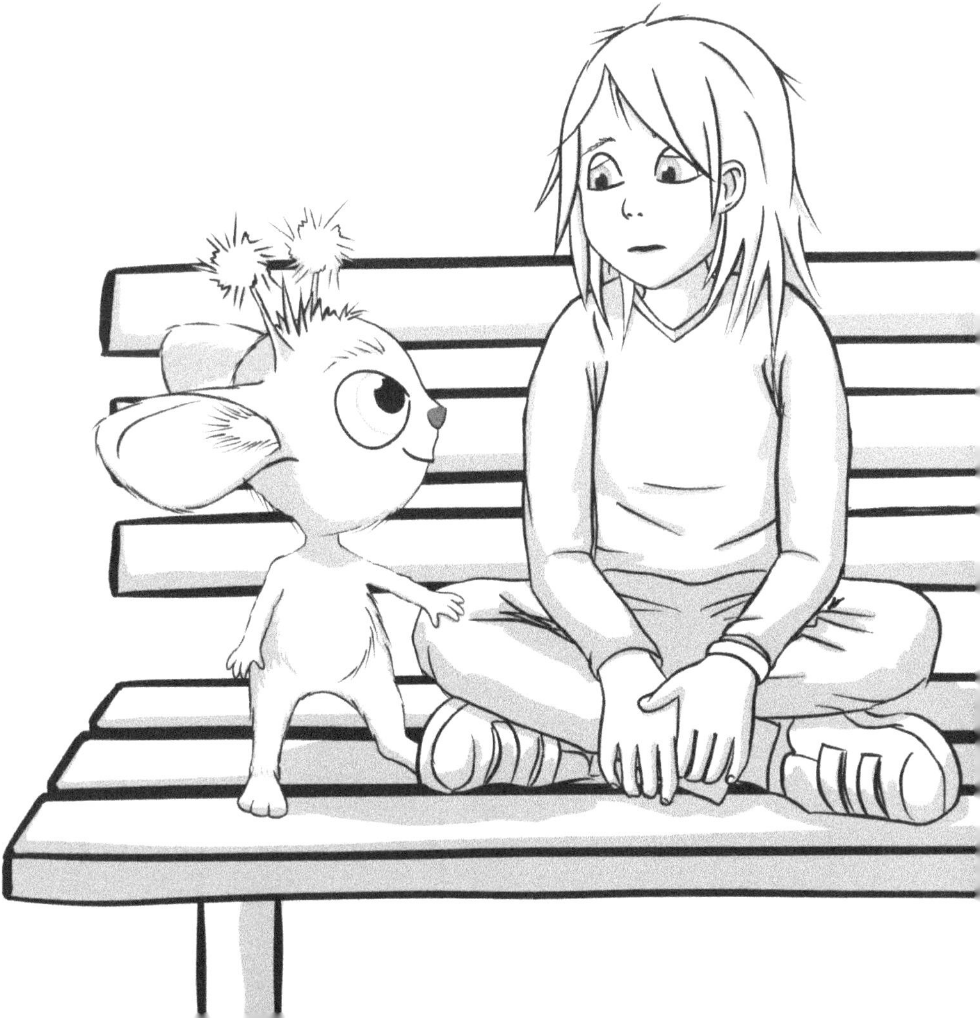

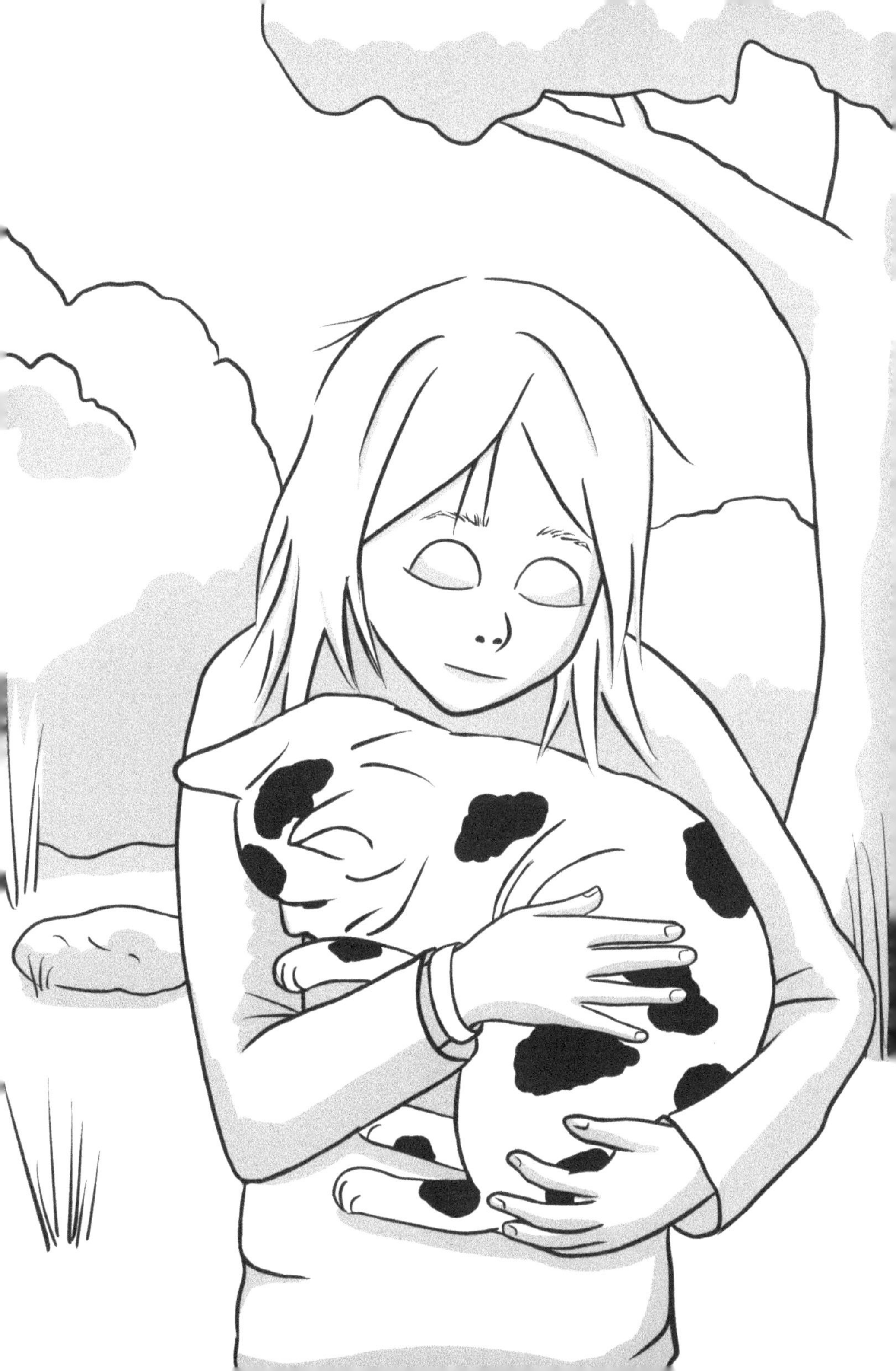

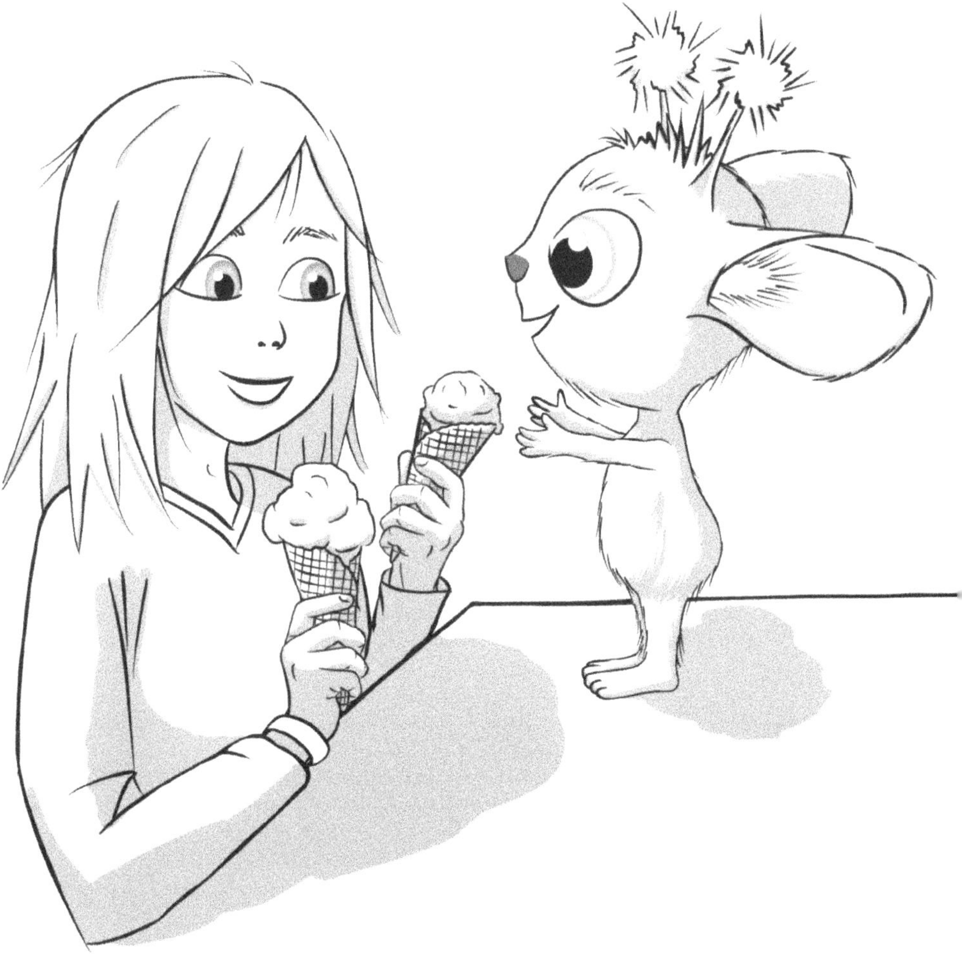

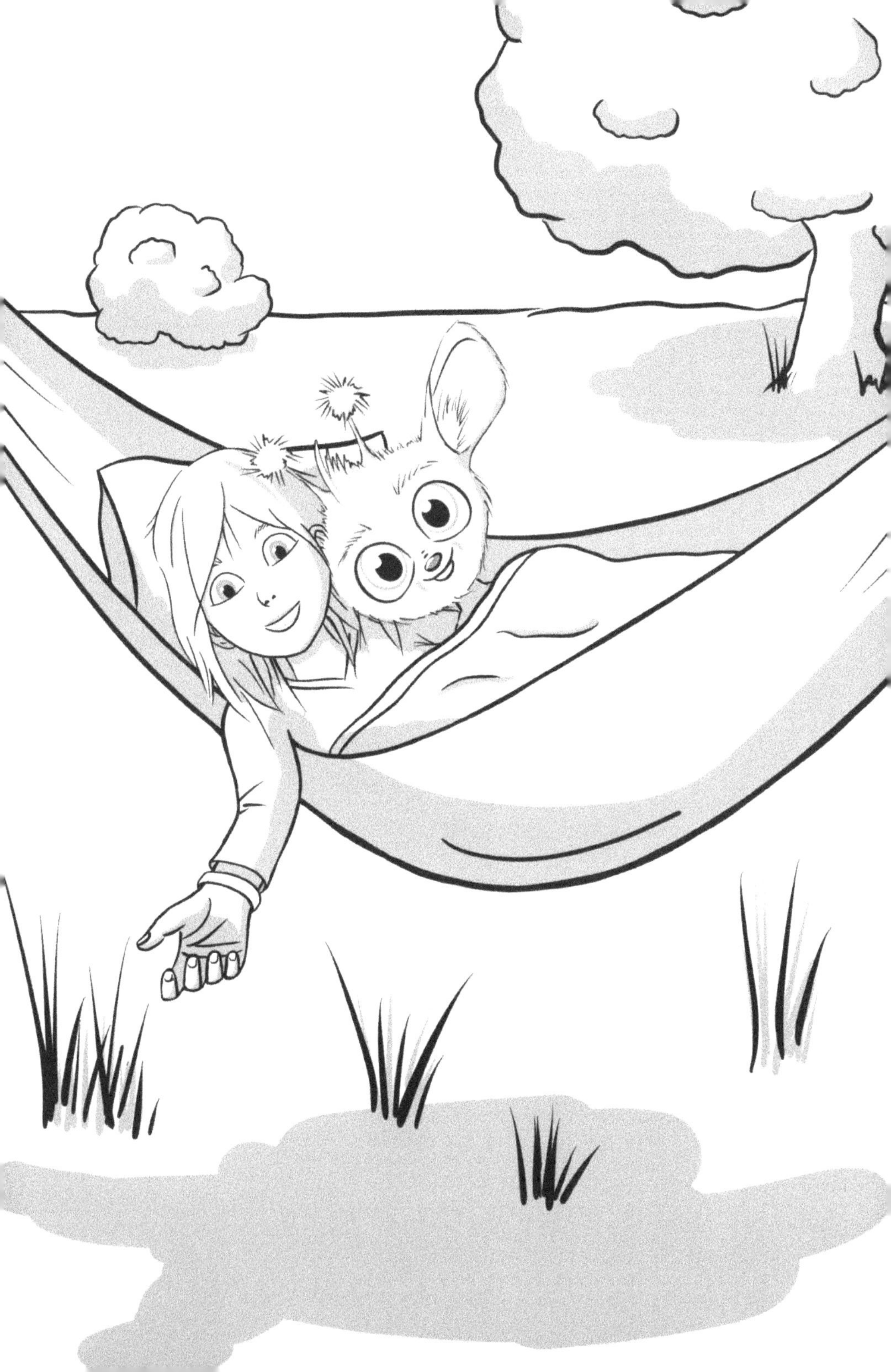

Literaturnachweise und weitere Empfehlungen

Hochsensibilität

Aron, Elaine N.: Das hochsensible Kind. Wie Sie auf die besonderen Schwächen und Bedürfnisse Ihres Kindes eingehen. Mvg Verlag, 2008.

Aron, Elaine N.: Is Your Child Highly Sensitive?, unter: https://hsperson.com/test/highly-sensitive-child-test/ [letzter Zugriff: 23.10.2024]

Pilguj, Sabina: Ich bin wie ich bin – genial und total normal. Ein Mutmachbuch für (hoch)sensible Kinder. ViaNaturale Verlag, 2020.

Pilguj, Sabina: Ich bin wie ich bin - genial und total relaxed. Yoga, Entspannung und Stressreduktion für (hoch)sensible Kids & Teens. ViaNaturale Verlag, 2019.

Quedenbaum, Sandra: So erkennst du ein hochsensibles Kind - Test, unter: www.loesungs-coaching.de/so-erkennst-du-ein-hochsensibles-kind-hsk/ [letzter Zugriff: 23.10.2024]

Schorr, Brigitte: Hochsensible Mütter. SCM Verlagsgruppe, 2013.

Vita, Melanie S.: Meine Hochsensibilität – ein Volltreffer. Damit du vestehst, wie du tickst. Brendow, 2019.

Weitere informative Seiten über Hochsensibilität:

www.hsperson.com

www.vielfuehler.de

www.zartbesaitet.net

www.hochsensible.eu

www.hochsensibel.org

www.hochsensibilitaet.ch

www.hochsensibilitaet.at

www.hochsensible-kinder.at

Achtsamkeit und Meditation

Gulden, Elke et al.: Kinderyoga-Bilderkarten für Frühling und Sommer: 30 Ideen auf Bildkarten. Don Bosco Medien, 2021.

Kabat-Zinn, Jon.: Wherever You Go, There You Are: Mindfulness Meditation for Everyday Life. Hachette Books, 2009.

Kabat-Zinn, Jon: Gesund durch Meditation. Knaur, 2003.

Rauch, Jasmin: Waldbaden: Wirkung auf Psyche und Gesundheit, 14.1.2021, unter: https://www.gesundheit.de/wellness/entspannung/entspannungs-know-how/waldbaden [letzter Zugriff: 4.10.2024]

Salbert, Ursula: Ganzheitliche Entspannungstechniken für Kinder: Bewegungs- und Ruheübungen, Geschichten und Wahrnehmungsspiele aus dem Yoga, dem Autogenen Training ... (Praxisbücher für den pädagogischen Alltag). Ökotopia, 2016.

Sammer, Ulrike: Halten und Loslassen. Die Praxis der Progressiven Muskelentspannung. Patmos Verlag, 2006.

Seyffert, Sabine: Das Massage-Geschichten-Buch: Mehr Ruhe & Entspannung in Kita & Grundschule mit leicht einsetzbaren Geschichten. Ökotopia, 2014.

Hilfen zur Stressbewältigung und Erziehung

Baraz, James: Freude. Nymphenburger Verlag, 2010.

Kaluza, Gert: Gelassen und sicher im Stress: Das Stresskompetenz-Buch: Stress erkennen, verstehen, bewältigen, Springer, 2018.

Kloihofer, Claudia: Dein Körper schützt dich. Vertraue deiner Intuition. Goldegg, 2023.

Kuschik, Karin: 50 Sätze, die das Leben leichter machen: Ein Kompass für mehr innere Souveränität. Rowohlt, 2022.

Maslow, Abraham: A Theory of Human Motivation. In: Psychological Review, 1943, Vol. 50 #4.

Nöllke, Matthias: Schlagfertigkeit. Haufe Verlag, 1999.

Weber-Eisenmann, Barbara: Kinder liebevoll stärken. Wie du dein Kind dabei unterstützt, selbstbewusst, mutig und innerlich stark zu werden. Humboldt Verlag, 2023.

Wilhelm, Nicole: Miteinander leben. Für eine Familienkultur des Miteinanders. Mathias Voelchert GmbH Verlag, 2019.

Wilhelm, Nicole: Herausgeforderte Kinder. Was Kinder mit ihrem Verhalten sagen. Mathias Voelchert GmbH Verlag, 2022.

Quellennachweis

Vorwort Aron, Elaine N.: Das hochsensible Kind. Wie Sie auf die besonderen Schwächen und Bedürfnisse Ihres Kindes eingehen. Mvg Verlag, 2008, S.11.

Was ist Hochsensibilität? Aron, Elaine N.: Das hochsensible Kind. Wie Sie auf die besonderen Schwächen und Bedürfnisse Ihres Kindes eingehen. Mvg Verlag, 2008, S.52-59.

Rituale zur Entspannung Wilhelm, Nicole: Herausgeforderte Kinder. Was Kinder mit ihrem Verhalten sagen. Mathias Voelchert GmbH Verlag, 2022, S.99-102.
Kabat-Zinn, Jon.: Wherever You Go, There You Are: Mindfulness Meditation for Everyday Life. Hachette Books, 2009.

Waldbaden Rauch, Jasmin: Waldbaden: Wirkung auf Psyche und Gesundheit, 14.1.2021, unter: https://www.gesundheit.de/wellness/entspannung/entspannungs-know-how/waldbaden [letzter Zugriff: 4.10.2024]

Power-PMR Sammer, Ulrike: Halten und Loslassen. Die Praxis der Progressiven Muskelentspannung. Patmos Verlag, 2006.

Gedankenkreisel-Stopp Kloihofer, Claudia: Dein Körper schützt dich. Vertraue deiner Intuition. Goldegg, 2023, S. 61-63.

Stress erforschen Kaluza, Gert: Gelassen und sicher im Stress: Das Stresskompetenz-Buch: Stress erkennen, verstehen, bewältigen, Springer, 2018, S.8-16.

Bedürfnisse klären Wilhelm, Nicole: Herausgeforderte Kinder. Was Kinder mit ihrem Verhalten sagen. Mathias Voelchert GmbH Verlag, 2022, S. 27-29.
Maslow, Abraham: A Theory of Human Motivation. In: Psychological Review, 1943, Vol. 50 #4, S. 370-396.

Balance finden Weber-Eisenmann, Barbara: Kinder liebevoll stärken. Wie du dein Kind dabei unterstützt, selbstbewusst, mutig und innerlich stark zu werden. Humboldt Verlag, 2023, S.215-217.

Sensis Abwehrsprüche Kuschik, Karin: 50 Sätze, die das Leben leichter machen: Ein Kompass für mehr innere Souveränität. Rowohlt, 2022, S.57-61, 275-280, 281-286.
Nöllke, Matthias: Schlagfertigkeit. Haufe Verlag, 1999, S.62-64.

Supersätze Kaluza, Gert: Gelassen und sicher im Stress: Das Stresskompetenz-Buch: Stress erkennen, verstehen, bewältigen, Springer, 2018, S.71-74.

Stärken Kaluza, Gert: Gelassen und sicher im Stress: Das Stresskompetenz-Buch: Stress erkennen, verstehen, bewältigen, Springer, 2018, S.71-74.
Baraz, James: Freude. Nymphenburger Verlag, 2010, S. 271-274.

Zuneigung Wilhelm, Nicole: Miteinander leben. Für eine Familienkultur des Miteinanders. Mathias Voelchert GmbH Verlag, 2019, S.100.

Berührung Wilhelm, Nicole: Herausgeforderte Kinder. Was Kinder mit ihrem Verhalten sagen. Mathias Voelchert GmbH Verlag, 2022, S.81-82.

Buchempfehlungen des Verlags

Sigrun Eder, Daniela Molzbichler:

Konrad, der Konfliktlöser
Clever streiten und versöhnen

Konrad mag keinen Streit. Doch seine kleine Schwester Hannah und Mitschülerin Meeta schaffen es mit links, ihn auf die Palme zu bringen. Wodurch sich die Wogen wieder glätten und was Konrad über richtiges Streiten lernt, wird in „Konrad, der Konfliktlöser" vermittelt. Zusätzlich werden Strategien vorgestellt, die das Erkennen, Vorbeugen und Lösen von Konflikten erleichtern. Die Mit-Mach-Seiten laden Kinder ab 8 Jahren dazu ein, ihr persönliches Konfliktverhalten besser wahrzunehmen sowie gezielt zu optimieren.

Mit zwei EXTRA-Heften

für häusliches und externes Streiten und Versöhnen sowie einem Bilder-Erzählbuch für schulische Konfliktlösung.

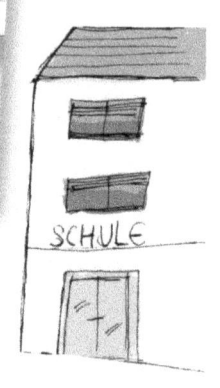

SOWAS-Buch.de

Erzähl' doch einfach Deiner Lieblingsbuchhandlung von uns! • editionriedenburg.at

Buchempfehlungen des Verlags

Die Original SOWAS!-Titel bewähren sich bereits seit 2008 und enthalten immer einen interaktiven Mitmach-Teil.

SOWAS-Buch.de

Wir freuen uns über Deine Buchrezensionen im Internet! • editionriedenburg.at

Buchempfehlungen des Verlags

Miriam Prätsch, Sigrun Eder:

Supergut mit ADHS
Durch Positive Psychologie Stärken erkennen, Ressourcen aktivieren und glücklich sein.

Supergut mit ADHS – Das Turbo-Tagebuch für deine Ressourcen
12 Wochen bereits vorhandene oder noch zu aktivierende Fähigkeiten kindgerecht und kreativ beleuchten.

Supergut mit ADHS – Adventskalender
24 Tage Positive Psychologie, 24 Mitmach-Seiten und viele starke Ideen für das ganze Jahr.

Sigrun Eder, Silvia Hauser-Maislinger:

Erfolgreich in der Schule mit ADHS
Wie kann Max Gedanken, Gefühle und Verhalten besser wahrnehmen und steuern, damit in der Schule und zu Hause mit ADHS-Turbo alles einfacher wird? Wirksame Strategien für bessere Selbstorganisation und Selbstregulation

SOWAS-Buch.de

Erzähl' doch einfach Deiner Lieblingsbuchhandlung von uns! • editionriedenburg.at

Buchempfehlungen des Verlags

Hanna Grubhofer, Sigrun Eder:

Was brauchst du?
Mit der Giraffensprache und Gewaltfreier Kommunikation Konflikte kindgerecht lösen

Das fröhlich illustrierte Bilder-Erzählbuch unterstützt Kinder dabei, Gefühle und Bedürfnisse zu erkennen, um für jeden eine passende Lösung zu finden. Die Gewaltfreie Kommunikation (GFK) hilft dabei, Konflikte zu lösen. Zahlreiche Mit-Mach-Seiten zum Malen, Aufschreiben und Reden im Anschluss an die Geschichte befähigen junge LeserInnen dazu, sich selbst und andere besser zu verstehen. Als Bonus-Material gibt es die Tiere und ihre Bedürfnisse zum Ausmalen und Ausschneiden. Auf Karton geklebt können Kinder so ihre eigenen Bedürfniskärtchen basteln und Lösungen für Konflikte finden.

Was brauchst du jetzt?
Mit der Giraffensprache und Gewaltfreier Kommunikation Selbstfürsorge kindgerecht vermitteln

Band 2 des Bestsellers zeigt, wie innere Konflikte mit Hilfe der GFK gelöst werden und Selbstfürsorge kindgerecht vermittelt werden kann.

Was brauchst du im Advent?
Der Familien-Adventskalender in Giraffensprache für Gewaltfreie Kommunikation mit Kindern und Eltern

Zum Ausmalen und Mitmachen für die ganze Familie.

SOWAS-Buch.de

Überall im (Internet-)Buchhandel • Verlag edition riedenburg • editionriedenburg.at

Buchempfehlungen des Verlags

Jeder Titel aus der Reihe „Starke Frauen" bietet euch gut verständliche Texte, inspirierende Bilder und knifflige Fragen zum Weiterdenken.

Ab 8 Jahren, in leicht lesbarer Druckschrift. Als Schullektüre und für die Schulbibliothek geeignet.

Mit Kreativ-Seiten zur eigenen Gestaltung.

FÜR KLEINE LEUTE MIT GROSSEN IDEEN.

StarkeFrauen-Buch.de

Erzähl' doch einfach Deiner Lieblingsbuchhandlung von uns! • editionriedenburg.at

Buchempfehlungen des Verlags

Nicole Schäufler:

Vom Mädchen zur Frau
Ein märchenhaftes Bilderbuch für alle Mädchen, die ihren Körper neu entdecken

Vom Jungen zum Mann
Ein abenteuerliches Bilderbuch für alle Jungen, die ihren Körper neu entdecken

MIKROMAKRO
Die Buchreihe für Kinder, die alles ganz genau wissen wollen.

Mikromakro-Buch.de

Rituale für Familien
Spezielle Themen für Kinder, ihre Familien und Pädagog*innen zum Einsatz daheim, in der Kita, im Kindergarten sowie in Grund-, Haupt- und Förderschulen

Rituale-Buch.de

edition riedenburg

Wir freuen uns über Deine Buchrezensionen im Internet! • editionriedenburg.at

Bibliografische Information der Deutschen Nationalbibliothek:
Die Deutsche Nationalbibliothek verzeichnet diese Publikation in der Deutschen Nationalbibliografie; detaillierte bibliografische Daten sind im Internet über http://dnb.d-nb.de abrufbar.

Laura von der Höh

Sensi kennt deine Superkräfte!
Was hochsensible Kinder brauchen: Mutmach-Geschichten, Selbstregulation und entspannende Rituale

Hinweis:
Das Werk einschließlich aller seiner Teile ist urheberrechtlich geschützt. Jede Verwertung außerhalb der Bestimmungen des Urheberrechtsgesetzes ist ohne schriftliche Zustimmung des Verlags unzulässig und strafbar. Dies gilt insbesondere für Vervielfältigungen, Übersetzungen, Mikroverfilmungen und die Einspeicherung und Verarbeitung in elektronischen Systemen.

Alle Angaben erfolgen ohne Gewähr. Weder Autorin noch Verlag können für eventuelle Nachteile oder Schäden, die aus den im Buch vorliegenden Informationen resultieren, eine Haftung übernehmen. Eine Haftung der Autorin bzw. des Verlags und seiner Beauftragten für Personen-, Sach- und Vermögensschäden ist ebenfalls ausgeschlossen. Befragen Sie im Zweifelsfall bitte ärztliches und medizinisches Fachpersonal.

Das Werk ist in einer verlagskonform geschlechtsneutralen Schreibweise verfasst.

Markenschutz:
Dieses Buch enthält eingetragene Warenzeichen, Handelsnamen und Gebrauchsmarken. Wenn diese nicht als solche gekennzeichnet sein sollten, so gelten trotzdem die entsprechenden Bestimmungen.

1. Auflage	November 2024
© 2024	edition riedenburg e.U. Dr. Caroline Oblasser
Verlagsanschrift	Adolf-Bekk-Straße 13, 5020 Salzburg, Österreich
Internet	www.editionriedenburg.at
E-Mail	verlag@editionriedenburg.at
Lektorat	Dr. Caroline Oblasser
Fotos	Portrait Laura von der Höh: © Christian von der Höh
Illustrationen	© Laura von der Höh
Satz und Layout	edition riedenburg
Herstellung	Libri Plureos GmbH, Friedensallee 273, 22763 Hamburg, Deutschland

ISBN 978-3-99082-167-1

Rituale-Buch.de

edition riedenburg
editionriedenburg.at